Markus Herbert

Komm höher herauf! (Band 2)

Markus Herbert

Komm höher herauf! (Band 2)

Neue Visionen vom Berg Zion, dem Garten Eden und dem himmlischen Jerusalem

GloryWorld-Medien

1. Auflage 2023

Bibelzitate sind, falls nicht anders gekennzeichnet, der Elberfelder Bibel, Revidierte Fassung von 2006, entnommen.

Weitere Bibelübersetzungen:

LUT: Lutherbibel, Revidierte Fassung von 2017
GNB: Gute Nachricht Bibel, 2018
NLB: NLB: „Neues Leben. Die Bibelübersetzung", Holzgerlingen, 2017
HFA: Hoffnung für alle, Basel und Gießen, 2015

Ergänzungen in eckigen Klammern (nicht kursiv) betreffen Einfügungen des Autors. Kursiv gestellte Texte in eckigen Klammern stammen aus der jeweiligen Bibelübersetzung. Betonungen in Fettschrift wurden vom Autor vorgenommen. Das Buch folgt den Regeln der Deutschen Rechtschreibreform. Die Bibelzitate wurden diesen Rechtschreibregeln angepasst.

Lektorat: Frank Krause / Klaudia Wagner
Grafiken/Skizzen: Jana Rose
Satz: Manfred Mayer
Umschlaggestaltung: Jens Neuhaus, www.7dinge.de
Umschlagfoto: WhiteLabelRights
Druck: arkadruk.pl

Printed in the EU

ISBN: 978-3-95578-629-8
Bestellnummer: 356629

Erhältlich beim Verlag:

GloryWorld-Medien
Beit-Sahour-Str. 4
D-46509 Xanten
Tel.: 02801-9854003
Fax: 02801-9854004
info@gloryworld.de
www.gloryworld.de

oder in jeder Buchhandlung

Stimmen zum Buch

Das Buch „Komm höher herauf! (Band 2)" ist sehr zu empfehlen!

Wieder einmal entführt dieses Buch den Leser in die geistliche Welt. Für diejenigen, die das nicht gewohnt sind, ist dies eine einzigartige Möglichkeit, sozusagen ein „Mitreisender" des Autors zu werden.

Natürlich gilt dem Kapitel über das Vaterunser meine besondere Aufmerksamkeit, da ich ihm in meinem Buch „Näher zum Vater" selbst ein Kapitel gewidmet habe. Aber wo wir es gewohnt sind, lediglich über das Vaterunser zu sprechen und zu lesen, werden wir von Markus Herbert in dieses Gebet, das Jesus uns gelehrt hat, gleichsam hineingenommen.

Ich bin überzeugt, dass die Kirche, der Leib Christi, in diesen letzten Tagen eine gewaltige Veränderung erleben wird. Wir sollten uns keine Illusionen machen, denn wir haben bisher noch so wenig von dem gesehen, was Gott, der Vater, für uns bereithält.

Ich könnte mir vorstellen, dass die Dimension und Erfahrung, von der in diesem Buch die Rede ist, dazugehört – die Art und Weise, wie Markus uns in das Kapitel über das Vaterunser führt und uns die Realität dieses Gebetes in einer völlig neuen Dimension erleben lässt, als wir es gewohnt sind.

Lass dich mitnehmen auf diese besondere Reise, und lass dich von dieser Erfahrung ermutigen, auch selbst neue und wunderbare Dinge von unserem himmlischen Vater zu erwarten!

Henk Bruggeman
Fatherheart Support Ministries, Den Haag (NL)

Das Buch „Komm höher herauf! (Band 2) ist eine Schatztruhe, in der man, wenn man sie öffnet, viele wertvolle Diamanten entdeckt.

Solch einen Diamanten fand ich u. a. im Kapitel „Im Tal der Tränen". Die Ausführungen, die du, Markus, aufgrund deiner Fragen an Jesus immer wieder in sehr liebevollen Antworten und unter Beweis durch Bibelstellen bekamst, zeigen die tiefe und innige Verbindung, die du zum Herrn hast. Du erzählst von Visionen und Erfahrungen mit JESUS, die mich hungrig gemacht haben, eine solche Vertrautheit mit dem Herrn ebenfalls zu erleben.

Dieses Buch wird man nicht so schnell zur Seite legen, denn es gibt immer wieder neue „Überraschungsdiamanten" zu entdecken, die in Gottes Wort Bestätigung finden.

Barbara Rumpus
Leiterin von Kingdom Life NOW e.V. in Schorndorf

Ich habe das Privileg, Markus und seine Frau Esther schon ein paar Jahre zu kennen. In einem großen Saal mit vielen Menschen fällt er gar nicht auf. Meist arbeitet er still und fleißig im Hintergrund im Technikbereich.

Aber wenn er von seinen Erlebnissen und Visionen mit Jesus erzählt, erlebt man himmlische Momente. Umso mehr freue ich mich, dass jetzt sein zweites Buch herausgekommen ist und mehr Menschen daran teilhaben dürfen.

Auch der zweite Band spornt mich wieder an, Jesus immer mehr und mehr kennenzulernen, ihm tiefgreifende Fragen zu stellen und ihm zu vertrauen.

Ich denke, das Buch kommt zum rechten Augenblick und zeigt sehr gut, dass Gott in diesen Zeiten des Chaos und der Verwirrung den Überblick behält und seine Pläne durchführt. Gut, dass Gott besser als wir Menschen multidimensionales Schach spielen kann!

Jana Rose
Jugenddiakonin in der Kirche am Fahlt, Pinneberg

Wenn du dieses Buch in der Hand hältst, bereite dich auf eine außergewöhnliche Reise vor – eine Reise, die dich herausfordern wird, deinen Verstand und auch dein Herz zu erweitern. Markus hat die einzigartige Gabe, durch die Erzählung seiner persönlichen Erlebnisse neue Dimensionen im Unsichtbaren für uns aufzudecken und sie zu erklären. Durch seine Nähe zum geschriebenen Wort Gottes dienen seine scheinbar bizarren Geschichten als Katapult hinein in ein tieferes Verständnis von Gottes Herz und seinen Absichten.

Wie bereits durch sein erstes Buch, wird durch jede einzelne Begegnung, die Markus in den himmlischen Dimensionen erlebt hat, unser Verlangen nach mehr von Gott angefeuert. Sein kindlicher Glaube und sein Mut, Jesus immer wieder Fragen zu stellen, laden uns dazu ein, diesem Gott selbst zu begegnen und ihn zu erleben.

Danke, Markus, dass wir an dem, was du schon in der unsichtbaren und doch göttlichen Welt entdeckt hast, teilhaben dürfen. Dein Buch wird in unseren Herzen nachhallen und uns anspornen, nach mehr von Gott zu suchen.

Rebecca Weisser
Leiterin des HOPP (House of Prayer & Praise),
Triberg im Schwarzwald

Ich habe Markus über einen Livestream bei *Kingdom Life NOW* kennen und schätzen gelernt. Ich finde es interessant, was Gott ihm über eigentlich gut bekannte Bibelstellen, wie zum Beispiel das Vaterunser, geoffenbart hat. Es macht einen großen Unterschied, diese Bibelstellen zu kennen oder sie in einer Vision selber zu erleben. Erst die konkrete Erfahrung mit dem lebendigen Wort Gottes verändert uns in der Tiefe unseres Wesens. Dies kann ich durch meinen Heilungs- und Evangelisationsdienst aus langjähriger Erfahrung bestätigen. Durch die persönliche Begegnung mit dem Vater, dem Sohn und dem Heiligen Geist erfüllt sich, was Paulus in 2. Korinther 3,18 uns überliefert hat:

Wir alle sehen in Christus mit unverhülltem Gesicht die Herrlichkeit Gottes wie in einem Spiegel. Dabei werden wir selbst in das Spiegelbild verwandelt und bekommen mehr und mehr Anteil an der göttlichen Herrlichkeit. Das bewirkt der Herr durch seinen Geist (GNB).

Danke Markus, dein Buch macht Hunger auf mehr von Gott und seiner Herrlichkeit.

Günter Ewers
Ganzheitliche Lebensberatung und Coaching
www.lebensberatung-ewers.de

Inhalt

Vorwort

Eigentlich wollte ich, wegen der Kraft, die es mich kostet, kein weiteres Buch mehr schreiben. Doch Gott hatte andere Pläne für mich. Im Herbst 2022 hörte ich von ihm, dass das Abenteuer mit seinen Visionen weitergehen würde. Da war es ein naheliegender Gedanke, da weiterzumachen, wo ich damals aufgehört hatte.

Während eines Urlaubs an der Nordsee begann ich, meine alten Aufzeichnungen der Visionen durchzulesen. Ich fand das sehr interessant, bekam aber von Gott keine weiteren Eindrücke zu diesem Thema. Mir fiel nichts ein, was ich hätte schreiben können. Also dachte ich bei mir, ich hätte mich verhört und legte mein altes Skript zur Seite. Denn bei meiner Art zu schreiben bin ich darauf angewiesen, dass Gott mir Inspiration dazu schenkt.

Doch dann lud ich gegen Ende 2022 einen guten Freund ein, der mir prophetisch sagte: „Du wirst noch weitere Bücher veröffentlichen." Ich hatte ihm nichts von meinem gescheiterten Versuch erzählt, wieder mit dem Schreiben anzufangen. Nun hatte ich die Bestätigung, dass ich weiterschreiben sollte, aber ich wusste nicht, wie. Also bat ich Jesus, meine Verwirrung aufzulösen und mir Klarheit zu schenken. Das tat er dann auch – auf eine Art und Weise, die ich nicht erwartet hatte.

Ich bekam einen Text zugesandt, in dem sich zwei Menschen darauf eingelassen hatten, genau das zu tun, was der Zweck meines ersten Buches gewesen war, nämlich sich auf die Visionen, in diesem Fall vom Berg Zion, einzulassen und selber an diesen himmlischen Ort zu gehen.[1] Sie hatten dort ähnliche

[1] Mir sind die beiden Menschen persönlich bekannt. Sie wollen anonym bleiben, was ich respektiere. Als ich ihre Aufzeichnungen gelesen hatte, wusste ich sofort in meinem Herzen, dass die beiden wie ich in dem himmlischen Bereich des Berges Zion gewesen waren.

Dinge gesehen, wie ich sie wahrgenommen hatte, teilweise etwas anders. Ergänzend dazu hatten sie noch einige völlig neue Eindrücke bekommen. Sie haben mir die Erlaubnis gegeben, Teile aus ihren Aufzeichnungen sinngemäß zu zitieren:

> Der Berg Zion strahlt aus seinem Inneren heraus heller als die Sonne mit einem nur schwer vorstellbaren Glanz. Am Fuß ist um den Berg herum eine Mauer gezogen, welche die Trennung von Gott zu uns Menschen symbolisiert. Doch gibt es für uns eine Brücke zur Herrlichkeit Gottes. Diese Brücke ist der stellvertretende Tod von Jesus Christus am Kreuz von Golgatha. Gott weist uns darauf hin, dass wir die Herrlichkeit im Inneren des Berges mit unseren natürlichen Augen nicht sehen können, denn die Strahlen der Herrlichkeit Gottes würden uns umbringen.[2] Wir können jedoch transformiert werden, sodass dann unsere erleuchteten Augen des Herzens die Herrlichkeit Gottes sehen können.
>
> Die mit Worten nur schwer beschreibbare Herrlichkeit ist so überwältigend, dass es uns zu Tränen rührt. Es ist wie eine Mischung aus Glanz, Göttlichkeit und Vollkommenheit, durchdrungen mit den Eigenschaften von Frieden, Liebe, Demut, Brüderlichkeit, Barmherzigkeit und Gnade. Die Anbetung in den Herzen der Menschen, die sich auf diese Dimension eingelassen haben, erfüllt auch diesen Herrlichkeitsraum im Berg Zion. Diese himmlische Dimension ist rein, heilig und sehr kostbar. Mit irdischen Worten lässt sich das nicht wirklich beschreiben. Gott sagt: *‚Alles ist hier durchdrungen von dem Wort: ICH BIN, DER ICH BIN!'* (vgl. 2. Mose 3,14).
>
> Je mehr Menschen mit erleuchteten Augen des Herzens über Jesus Christus als Brücke kommen, desto mehr wird auch die Herrlichkeit in der Welt zunehmen. Dort geht von den Menschen, die in der Herrlichkeit Gottes waren, eine Kraft aus. Das ist wie ein Auftanken im himmlischen Bereich, um diese Kraft dann im irdischen Bereich freizusetzen.

---

[2] *Nur Gott allein wird nie sterben, und er wohnt in einem Licht, zu dem niemand kommen kann. Niemand hat ihn je gesehen oder kann ihn sehen. Ihm sei Ehre und Macht in alle Ewigkeit! Amen* (1. Timotheus 6,16 NLB).

Mir wurde durch die zugesandten Eindrücke schlagartig klar, ich sollte eine Fortsetzung von meinem ersten Buch „Komm höher herauf!“ schreiben. Es soll dir helfen, liebe Leserin, lieber Leser, dich tiefer auf die Visionen einzulassen und deine eigenen Erfahrungen damit zu machen. Der Heilige Geist benutzt beim „Visionieren“ meistens Bilder bzw. Sequenzen, die wir verstehen können, aber nicht immer. Das heißt, du kannst das Gleiche sehen wie ich, aber mit solchen Bildern, wie du sie persönlich am besten verstehen kannst.

Es gilt nach wie vor: *„Denn unser Wissen ist Stückwerk und unser prophetisches Reden ist Stückwerk“* (1. Korinther 13,9 LUT) und: *„Prüft aber alles, das Gute haltet fest“* (1. Thessalonicher 5,21). Ich freue mich über Rückmeldungen mit weiteren „Stückwerken“ von euch, sodass weitere Puzzleteile zusammenkommen können, denn diese Visionen sind nicht abgeschlossen und können sich auch bei euch weiter entfalten.

Diesmal habe ich zwei Anhänge angefügt. Der erste zeigt auf, wie du dein Leben Jesus übergeben kannst, um durch die richtige Tür in den himmlischen Bereich zu gehen.[3] Der zweite Anhang beschreibt den Weg zur Freisetzung deiner geistlichen Sinne, sodass du Visionen empfangen kannst.[4]

---

[3] *Wahrlich, wahrlich, ich sage euch: Wer nicht durch die Tür in den Hof der Schafe hineingeht, sondern anderswo hinübersteigt, der ist ein Dieb und ein Räuber. Wer aber durch die Tür hineingeht, ist Hirte der Schafe. Diesem öffnet der Türhüter, und die Schafe hören seine Stimme, und er ruft die eigenen Schafe mit Namen und führt sie heraus* (Johannes 10,2).
Und er spricht zu ihm: Wahrlich, wahrlich, ich sage euch: Ihr werdet den Himmel geöffnet sehen und die Engel Gottes auf- und niedersteigen auf den Sohn des Menschen (Johannes 1,51).
Diese beiden Bibelstellen zeigen einerseits, dass Jesus für uns das Tor zum Himmel ist, und andererseits, dass wir die himmlischen Bereiche wahrnehmen können.

[4] *... sondern ihr seid gekommen zum Berg Zion und zur Stadt des lebendigen Gottes, dem himmlischen Jerusalem; und zu Myriaden von Engeln, einer Festversammlung* (Hebräer 12,22).

Kapitel 1

Verlinkt mit einem Herrlichkeitsengel

Die erste Vision über meine Reise hoch auf den Berg Zion bekam ich seinerzeit bei einer Veranstaltung in Schorndorf, beschrieben in meinem ersten Buch.[1] Die Abenteuerreise für mein zweites Buch begann wieder an demselben Ort, in einer weiteren Veranstaltung drei Jahre später. Bei einem Gebetstreffen zuvor sah ich im Geist einen Handwerker auf einer Leiter stehen, der mit einem Akkubohrschrauber mühsam Löcher in die Decke bohrte. Der Veranstaltungsraum war dabei so dunkel, dass ich nur wenig von dem Raum erkennen konnte. Dieser Zustand änderte sich ein bisschen mit jedem weiteren Loch, das der Handwerker in die Decke bohrte. Durch die Bohrung kam jeweils ein dünner Lichtstrahl in den Raum hinein, um ihn ein klein wenig zu erhellen.

Dann sah ich einen großen Engel, der den Raum betrat und zu dem Handwerker auf der Leiter ging. Er tippte ihm freundlich auf die Schulter und gab ihm mit einer Geste zu verstehen, er solle von der Leiter herunterkommen. Der Handwerker war sichtlich froh, nicht mehr mühsam einzelne Löcher in die Decke über Kopf bohren zu müssen. Er stieg von der Leiter herunter und blickte gespannt auf den Engel, was der als Nächstes tun würde.

Der Engel winkte einen weiteren herbei und die beiden positionierten sich an gegenüberliegenden Ecken des Raumes. Da

---

[1] Markus Herbert, „Komm höher herauf! – Visionen vom Berg Zion, dem Garten Eden und dem himmlischen Jerusalem“, GloryWorld-Medien 2020.

die beiden Engel größer als Menschen waren, konnten sie gerade noch aufrecht im diesem Raum stehen. Dort angekommen, drückten beide Engel mit ihren starken Händen von unten gegen die Decke. Sie drückten so stark, dass das Dach knirschend nach oben wegflog. Im Ergebnis war der Raum nun komplett von Licht durchflutet. Das Licht, welches den Raum erhellte, kam allerdings nicht von der Sonne. Es war die Herrlichkeit Gottes, die den Raum erfüllte.

Ich bat den Heiligen Geist um eine Erklärung für das, was ich gerade gesehen hatte. Er offenbarte mir: „Der Handwerker mit dem Akkuschrauber steht für die Gebete, die ihr hier vor Ort betet. Das mag sich mühsam anfühlen, ist aber die Basis dafür, dass Gott euch mehr schenken kann. Wenn ihr dann noch die Engel Gottes einladet, verstärken sie eure Gebete und die Decke über eurem Kopf verschwindet. Der Zugang zum Himmel ist dann durch die Gebete von euch Fürbittern und die Mithilfe von Engeln für die Veranstaltung frei, sodass sich die Herrlichkeit Gottes ausbreiten kann. Wenn ihr für eine Veranstaltung betet, solltet ihr dies im Glauben und in der Erwartung tun, dass die Herrlichkeit Gottes dort einzieht. Dann wird es geschehen."

Während des Gebets für die Veranstaltung ging ich, in Sprachen betend, nahe an den Wänden des Raumes entlang. Als ich an der Ecke mit dem Notausgang angekommen war, stoppte ich. Irgendetwas fühlte sich für mich dort kraftvoller an als im übrigen Raum. Ich blieb an dieser Stelle längere Zeit stehen und ließ die Kraft Gottes durch mich hindurchfließen. Manchmal reagiert mein physischer Körper auf die Kraft Gottes und manifestiert dies durch ein Kribbeln, das sich anfühlt, als würde elektrischer Strom durch mich fließen.

Dieses Kribbeln nahm immer mehr zu, bis es vom Kopf bis hinab zu meinen Füßen kribbelte. Mittlerweile hatte eine andere Beterin bemerkt, dass ich dort schon länger wie angewurzelt stand. Sie kam auf mich zu und fragte mich, ob ich hier, an dieser Position, etwas Besonderes wahrnehmen würde. In dem Moment wusste ich, dass sich hier ein Engel Gottes befand, was ich ihr mitteilte. Allerdings fühlte ich die Präsenz des Engels so stark, dass ich dachte, ich würde mich *in* dem Engel befinden. Dieses Empfinden hatte ich schon einmal gehabt. Der Heilige Geist sagte seinerzeit zu mir, ich sei jetzt mit dem Engel verbunden, was mich dazu befähige, mich mit den Heiligen aus der Wolke der Zeugen zu unterhalten.[2]

Also fragte ich den Heiligen Geist, ob mein Eindruck richtig sei und mit was für einem Engel ich mich verbinden dürfe. „Das ist ein Herrlichkeitsengel", meinte er. „Du bist jetzt mit der Herrlichkeit Gottes verbunden. Dies wird sich zunehmend in deinem Leben manifestieren." Ich entgegnete dem Heiligen Geist: „Wieso ich? Dessen bin ich nun wirklich nicht würdig!" Ich spürte in diesem Moment, wie der Heilige Geist mich sanft berührte und dann sagte: „Du als Mensch bist es auch nicht. Kein Mensch ist dessen würdig. Aber dadurch, dass Jesus Christus in dir wohnt, bist du es. Nicht aus dir selbst heraus, sondern aus der innigen Verbindung mit Jesus." Zweifelnd fragte ich zurück: „Wie soll ich damit umgehen? Ich habe keine Ahnung von der Herrlichkeit Gottes." „Das ist kein Problem. Sowohl der Herrlichkeitsengel als auch ich, der Heilige Geist, werden dir dabei helfen. Bleibe immer nahe an Jesus, so läufst du nicht Gefahr, dich an der Gabe Gottes zu vergreifen und sie zu verderben. Die Herrlichkeit Gottes ist das Licht in der Dunkelheit, das auch andere Menschen wahrnehmen können,[3] obwohl sie selbst noch nicht soweit sind, in diese Herrlichkeit einzutauchen, um sich damit zu verbinden."

Nachdem ich meine Eindrücke an das Gebetsteam weitergegeben hatte, bestätigte mir jemand, dass auch ein Konferenzsprecher zuvor an dieser von mir beschriebenen Stelle eine

---

[2] *Ihr seid das Licht der Welt – wie eine Stadt auf einem Berg, die in der Nacht hell erstrahlt, damit alle es sehen können. Niemand versteckt ein Licht unter einem umgestülpten Gefäß. Er stellt es vielmehr auf einen Lampenständer und lässt es für alle leuchten* (Matthäus 5,14-15 NLB).

[3] Jesus beschreibt dies von anderen Menschen wahrnehmbare Licht in Matthäus 5,14-15 (NLB): *„Ihr seid das Licht der Welt – wie eine Stadt auf einem Berg, die in der Nacht hell erstrahlt, damit alle es sehen können. Niemand versteckt ein Licht unter einem umgestülpten Gefäß. Er stellt es vielmehr auf einen Lampenständer und lässt es für alle leuchten."*

besondere Präsenz Gottes wahrgenommen hatte. Damals, bei dieser Konferenz, konnte ich leider nicht dabei sein. Ich war aber froh, eine weitere Bestätigung für meine Wahrnehmung bekommen zu haben.

Da dieser Veranstaltungsraum auch für nichtchristliche Zwecke benutzt wird, fragte ich den Heiligen Geist, ob dieser Herrlichkeitsengel auch in Zukunft wiederkommen würde. Er erklärte mir: „Wenn die Veranstaltung zu Ende sein wird, bewegt sich dieser Engel wieder zurück zum Thron Gottes. Allerdings befindet sich an diesem Platz, an dem du den Herrlichkeitsengel wahrgenommen hast, jetzt ein „Link“[4], sozusagen ein Platzhalter für den Engel. Wenn du dich vor einer zukünftigen Veranstaltung an diesen Platz begibst (oder ein anderer Fürbitter es tut) und Gott darum bittest, dass dieser Herrlichkeitsengel wiederkommt, so wird er wieder zu euch kommen und die Herrlichkeit Gottes mit ihm.“

[4] Link: Ursprüngliche Bedeutung bei Webseiten vom englischen für „Verbindung“, „Verknüpfung“ oder „Querverweis“. – Wikipedia, 06. Mai 2023.

Kapitel 2

Unterscheidung der Geister

Dem einen Menschen verleiht Gottes Geist Kräfte, dass er Wunder tun kann, einem anderen die Fähigkeit zur Prophetie. Wieder ein anderer wird durch den Geist befähigt zu unterscheiden, ob wirklich der Geist Gottes oder aber ein anderer Geist spricht. Und dem einen gibt der Geist die Gabe, in anderen Sprachen zu sprechen, während er einen anderen befähigt, das Gesagte auszulegen (1. Korinther 12,10 NLB).

Da neben der Heiligen Schrift auch die Gabe der Geisterunterscheidung für die Prüfung bzw. Interpretation von Visionen notwendig ist, fragte ich Jesus nach dieser Gabe, die der Apostel Paulus in 1. Korinther 12,10 angesprochen hat. Jesus begann seine Unterweisung folgendermaßen:

„Zuerst müsst ihr verstehen, warum ihr die Gabe der Geisterunterscheidung braucht. Wie ich dir schon früher einmal geoffenbart habe, ist der Baum der Erkenntnis von Gut und Böse aus dem Garten Eden (1. Mose 2,9) gefällt und inklusive aller seiner Wurzeln im Gerichtsfeuer Gottes verbrannt worden. Doch dadurch, dass Adam und Eva von den Früchten dieses Baumes gegessen hatten, wurde das Gift des Baumes der Erkenntnis von Gut und Böse über euer Blut von Generation zu Generation bis heute weitergeben. Die einzige Ausnahme war ich selbst, weil ich vom Heiligen Geist gezeugt wurde.[1] Im Gegensatz zu allen anderen Menschen war mein Blut nicht von diesem Gift des Baumes der Erkenntnis von Gut und Böse kontaminiert worden. So konnte ich, im Gegensatz zu euch ‚normal' gezeugten Menschen, ohne Sünde leben.[2]

Diese Kontamination durch das Gift des Baumes der Erkenntnis von Gut und Böse war viel weitreichender, als euch bewusst ist. Sie betraf nicht nur euren physischen Körper, der dadurch sterblich wurde,[3] sondern auch eure Seele und euer Geist wurden in Mitleidenschaft gezogen. Die Seele des Menschen hatte dadurch ihre Orientierung zu Gott verloren, sodass sie seitdem umherirrt, um das verlorene Paradies wiederzufinden. Dem Geist des Menschen war es von nun an nicht mehr möglich, direkt mit Gott zu kommunizieren. Das ist erst durch die Wiedergeburt erneut möglich geworden.[4]

Aus der Antwort der Schlange (also Satan) an Eva kannst du einige Erkenntnisse ableiten: ‚*Da sagte die Schlange zur Frau: Keineswegs werdet ihr sterben! Sondern Gott weiß, dass an dem Tag, da ihr davon esst, eure Augen aufgetan werden und ihr sein werdet wie Gott, erkennend Gutes und Böses*' (1. Mose 3,4-5). Hier kannst du den Ursprung der Lügenmatrix[5] Satans erkennen, mit der er die Menschen seither lenkt. Dieses ‚Keineswegs werdet ihr sterben!' ist der Ursprung aller Lügen, durch den der Tod zu den Menschen gekommen ist.

---

[1] *„Und so wurde Jesus Christus geboren: Seine Mutter Maria war mit Josef verlobt. Noch bevor sie geheiratet und miteinander geschlafen hatten, erwartete Maria ein Kind. Sie war vom Heiligen Geist schwanger geworden* (Matthäus 1,18 HFA).

[2] *Denn wir haben nicht einen Hohen Priester (Jesus Christus), der nicht Mitleid haben könnte mit unseren Schwachheiten, sondern der in allem in gleicher Weise wie wir versucht worden ist, doch ohne Sünde* (Hebräer 4,15).

[3] *Aber vom Baum der Erkenntnis des Guten und Bösen, davon darfst du nicht essen; denn an dem Tag, da du davon isst, musst du sterben* (1. Mose 2,17).

[4] Siehe hierzu Jesu Gespräch mit Nikodemus in Johannes 3,1-12.

[5] Die Lügenmatrix ist ein Gedankengebäude, eine Erklärung der Welt, fernab der Wirklichkeit. Sie spielt auf den Science-Fiction-Film **Matrix** aus dem Jahr 1999 an. – Wikipedia, Stichwort „Matrix (Film)", 25.10.2023.

Satan wusste, dass er durch diese Lüge Adam und Eva von dem anderen Baum, dem Baum des Lebens, ablenken könnte. Mit den ‚Augen' sind in diesem Vers die inneren Augen des Herzens gemeint. Satan verführte Adam und Eva mit dem Versprechen, so wie Gott zu sein – aber *ohne* Gott, aus sich selbst heraus. Auf diese Weise, unabhängig von Gott, funktioniert das Leben nicht. Adam und Eva waren im Ebenbild Gottes geschaffen, doch durch diese erste Sünde ging viel von der Ebenbildlichkeit Gottes verloren.

Durch Satan wurde die von Gott geschenkte Gabe der Geisterunterscheidung durch die Erblindung der inneren Augen des Herzens verunmöglicht, sodass der Mensch die hinterlistigen Verführungen Satans nicht mehr erkennen bzw. unterscheiden konnte. Satan kann den Menschen innerhalb der Sündenmatrix sowohl mit Gutem als auch mit Bösem verführen. Vieles sieht auf den ersten Blick gut aus, führt aber letztendlich ebenfalls zum Tod. Da diese Verführungen sehr subtil sind, habt ihr ohne das Licht Gottes keine Chance, dies zu unterscheiden.

Der Heilige Geist gibt euch gerne diese Gabe, wenn ihr darum bittet. Sie hängt mit den erleuchteten Augen des Herzens zusammen. Durch das Essen der verbotenen Frucht wurden ihre geistlichen Augen blind und stattdessen ihre fleischlichen (Ego-) Augen geöffnet. Damit war nicht mehr Gott ihre Orientierung, sondern sie selbst. Die Gabe der Geisterunterscheidung ist die erneute Umkehrung dieser Verhältnisse: Die Augen des Fleisches werden geschlossen und die Augen des Herzens erleuchtet.

Das heißt, wenn du eine Situation oder die Reaktion eines Menschen nicht geistlich einordnen kannst, musst du zu mir kommen und mit mir darüber reden. Von mir kommt dann die Herzenserkenntnis bzw. Offenbarung der Verhältnisse für deinen Verstand. Im weitesten Sinne hängt dies mit der Gabe der Prophetie zusammen, geht aber darüber hinaus. Dadurch, dass ich (oder der Vater oder der Heilige Geist) zu deinem Herzen rede, wächst die Geisterunterscheidung in deinem Herzen.

Die Kommunikation mit mir entspricht der Bewässerung des Samens der Gabe der Geisterunterscheidung, die auf deine Bitte hin der Heilige Geist in dein Herz hineingelegt hat. Diese Bewässerung des Samens erfolgt immer mit lebendigem Wasser. Dadurch wächst diese Gabe dann in dir heran. Jedoch muss dein Herzensboden durch mich darauf vorbereitet werden. Dazu habe ich das Gleichnis vom Sämann (vgl. Matthäus 13,1-23) gegeben und meinen Jüngern ausgelegt. Alle Gaben des Geistes sind Samen, die in dein Herz gelegt werden, damit sie dort kultiviert werden und wachsen können.

Diese aufgehenden Samen in deinem Herzen bewirken jedoch nicht, dass dein Verstand die Situation beurteilen kann, sondern dass die Geisterunterscheidung aus deinem Herzen hervorkommt. Das heißt, es ist keine gedankliche Konstruktion mehr. Durch dieses Training der Wahrnehmung deines Herzens reift die Gabe der Geisterunterscheidung in dir heran. Zusätzlich schenkt dir der Heilige Geist noch Worte der Erkenntnis und Weisheit dazu, damit du besser und ganzheitlicher verstehst, was aus deinem Herzen kommt. Das wiederum hilft dir, Prophetien und Visionen besser zu interpretieren und genauer anzuwenden.

Zusammengefasst führt jede Begegnung mit mir, dem Vater und dem Heiligen Geist dazu, dass du durch Gott von Herrlichkeit zu Herrlichkeit verwandelt und abhängiger von seiner Führung wirst:

> *Wir alle aber schauen mit aufgedecktem Angesicht die Herrlichkeit des Herrn an und werden so verwandelt in dasselbe Bild von Herrlichkeit zu Herrlichkeit, wie es vom Herrn, dem Geist, geschieht* (2. Korinther 3,18).

Das ist die Umkehrung der Sünde des Anfangs (des ersten Adams im Garten Eden) durch mich, Jesus Christus (dem zweiten Adam). Daher ist es gut, zusätzlich zu der Bitte um die Gabe der Geisterunterscheidung das Folgende zu beten und zu proklamieren, das der Apostel Paulus den Ephesern aufs Herz gelegt hat:

> *Er erleuchte die Augen eures Herzens,*
> *damit ihr wisst, was die Hoffnung seiner Berufung, was der Reichtum der Herrlichkeit seines Erbes in den Heiligen und*

was die überragende Größe seiner Kraft an uns, den Glaubenden, ist, nach der Wirksamkeit der Macht seiner Stärke. Die hat er in Christus wirksam werden lassen, indem er ihn aus den Toten auferweckt und zu seiner Rechten in der Himmelswelt gesetzt hat, hoch über jede Gewalt und Macht und Kraft und Herrschaft und jeden Namen, der nicht nur in diesem Zeitalter, sondern auch in dem zukünftigen genannt werden wird.
Und alles hat er seinen Füßen unterworfen und ihn als Haupt über alles der Gemeinde gegeben, die sein Leib ist, die Fülle dessen, der alles in allen erfüllt (Epheser 1,18-23).

Jesus, ich danke dir für deine Unterweisung, damit die Gabe der Geisterunterscheidung in mir wachsen und ihre Frucht bringen kann.

Kapitel 3

Heilung am Tisch des Herrn

In meinem ersten Buch „Komm höher herauf! – Visionen vom Berg Zion, dem Garten Eden und dem himmlischen Jerusalem" habe ich im fünften Kapitel mein Erlebnis am Tisch des Herrn beschrieben. Diesen Tisch hatte mir Jesus im Angesicht meiner Feinde gedeckt. Wie gesagt, können sich diese Visionen bei mir und auch bei dir fortsetzen, wenn wir uns darauf einlassen. Falls du dieses Buch[1] noch nicht gelesen hast, hier meine herzliche Einladung dazu.

Diese Fortsetzung der Vision empfing ich, nachdem ich einer kleinen Gruppe dabei geholfen hatte,[2] mittels der Bibelstelle aus Psalm 23 im Geist zum Berg Zion an den Tisch des Herrn zu gehen. Dieser Psalm wurde von König David, inspiriert durch den Heiligen Geist, aufgeschrieben.

Hier die Fassung von Psalm 23 nach der Luther-Übersetzung:

Der HERR ist mein Hirte, mir wird nichts mangeln.
Er weidet mich auf einer grünen Aue
und führet mich zum frischen Wasser.
Er erquicket meine Seele.
Er führet mich auf rechter Straße um seines Namens willen.

---

[1] Markus Herbert, „Komm höher herauf!", GloryWorld-Medien 2020.

[2] Ich kann einer Gruppe von interessierten Betern anbieten, sie in einem Zoom Meeting anzuleiten, durch eine Bibelstelle als Portal an himmlische Orte zu gehen und eine Vision davon zu bekommen. Bei Interesse schickt mir bitte eine E-Mail an info@ToreZumHimmel.de

Und ob ich schon wanderte im finstern Tal,
fürchte ich kein Unglück; denn du bist bei mir,
dein Stecken und Stab trösten mich.
Du bereitest vor mir einen Tisch im Angesicht meiner Feinde.
Du salbest mein Haupt mit Öl und schenkest mir voll ein.
Gutes und Barmherzigkeit werden mir folgen mein Leben lang,
und ich werde bleiben im Hause des HERRN immerdar.

Nach meinem entsprechenden Gebet und der Einladung von Jesus, im Geist an seinen Tisch aus Psalm 23 zu kommen, saß ich dort wieder mit Jesus Christus zusammen auf einer Bank. Ich war schon gespannt, was Jesus mir diesmal über den Tisch offenbaren würde.

Jesus begann die Unterhaltung mit der Frage an mich: „Was siehst du auf meinem Tisch, Markus?" Ich blickte hinunter und sah mir die Tischplatte genauer an. Sie hatte eine glattpolierte Oberfläche und leuchtete von innen heraus, so wie alles hier auf dem Berg Zion. „Ich sehe eine glattpolierte Oberfläche", antwortete ich Jesus.

Er entgegnete mir: „Du siehst nicht wirklich. Wie schon im Garten Eden musst du dich tiefer auf die Sache einlassen und dich darauf fokussieren. Lass dir Zeit, Markus, und berichte mir dann, was du siehst."

Wieder musste ich schmerzlich erkennen, dass ich nur sehr begrenzt sehen kann. Doch mit Jesu Hilfe gelang es mir wieder, mich auf die Oberfläche des Tisches zu konzentrieren und damit zu rechnen, diesmal mehr zu sehen als beim ersten Mal.

Ich blickte also auf die polierte Steinplatte und sah – eine polierte Steinplatte!

Na gut, also weiter fokussieren. Nach einiger Zeit konnte ich so etwas wie Gravuren in dem Stein erkennen. Ganz langsam wurden sie sichtbar. Der Tisch reagierte offenbar auf das Verlangen meines Herzens, zu sehen. Wäre der Tisch aus Holz gewesen, würde ich das, was ich mehr und mehr erkennen konnte, als sehr detaillierte Holzschnitzereien bezeichnen. Je länger ich mich darauf fokussierte, desto mehr Einzelheiten konnte ich erkennen, und zusätzlich veränderten sich die Steingravuren in ein dreidimensionales Bild.

Der Tisch war jetzt in mehrere Rechtecke unterteilt, vergleichbar mit Kacheln. Alle „Kacheln" stellten dreidimensionale Bilder dar. „Fokussier dich auf das Bild direkt vor dir", unterbrach Jesus meine Betrachtung des gesamten Tisches. Ich konzentrierte mich also auf die Steingravur direkt vor mir, so wie Jesus es gesagt hatte. Zu meiner Überraschung verwandelte sich nun das starre, dreidimensionale Bild in bewegte Bilder. Darüber hinaus konnten Jesus und ich als Beobachter in die Szenen eintauchen.

„Ist es das, was ich denke?", fragte ich Jesus. „Ja, dies ist eine Begebenheit aus deiner Kindheit", beantwortete er meine Frage. „Das ist eine weitere Funktion des Tisches des Herrn. Er kann dir nicht nur Verletzungen, die du in deiner Vergangenheit erlitten hast, aufzeigen, sondern er kann noch viel mehr. In Psalm 23 schrieb David: *‚Du bereitest vor mir einen Tisch im Angesicht meiner Feinde. Du salbest mein Haupt mit Öl und schenkest mir voll ein. Gutes und Barmherzigkeit werden mir folgen mein Leben lang.'*

Der Tisch erweist dir Gutes und Barmherzigkeit dein Leben lang, indem er meine Heilung in deiner Seele freisetzt. Du kannst an diesem Tisch meine Heilung sozusagen essen und trinken. Menschen haben deine Seele schwer verletzt, aus welchen Gründen auch immer, oftmals sehr tief, was zu vielen offenen Wunden geführt hat. Als Kind hattest du keine Möglichkeit, mit diesen traumatischen Erfahrungen in deiner Seele umzugehen.

Dein Weg, als Kind damit fertig zu werden, war der Rückzug in dich selbst und Mauern in deinem Herzen zu bauen. In der Folge hast du kaum noch mit anderen Menschen kommuniziert. Diese Überlebensstrategie war damals für dich der einzige Weg, den du kanntest, um dich zu schützen. Ich verurteile das nicht – niemals! Heilung deiner tiefen inneren Verletzungen konnte das natürlich nicht bewirken. Die Verdrängung des Schmerzes kostete dich immer mehr deiner Lebenskraft, bis du dich schließlich wie ein Zombie durch das Leben quältest, anstatt wirklich zu leben.

ICH BIN DAS LEBEN (vgl. Johannes 11,25) und ich bin von den Toten auferstanden. Daher gebe ich dir das Leben, das dir mehr und mehr verloren ging, wieder zurück.

Als du die entsprechenden Offenbarungen bekamst, hast du dich an Gott als den gerechten Richter gewandt, um Gerechtigkeit für dich zu bekommen. Diesen einen Teil, das Gericht, hast du bereits richtig erkannt und arbeitest damit zusammen. Das ist gut, jedoch heilt es deine inneren Verletzungen nur begrenzt und keinesfalls in der Tiefe deines Herzens. Der Tisch des Herrn ist eine Möglichkeit, diese tiefen Verletzungen von mir behandeln zu lassen. Hier, im Angesicht deiner Feinde, salbe ich dein Haupt mit Öl. Dieses Salböl des Heiligen Geistes heilt deine Erinnerungen und ersetzt die Schmerzen in deinen Erinnerungen durch den Frieden, den Schalom Gottes, den nur ich geben kann.

Paulus drückt das in Römer 14,17 so aus: *„Das Reich Gottes besteht in Gerechtigkeit und Friede und Freude im Heiligen Geist."* Zuerst brauchst du die Gerechtigkeit, die ich dir als oberster Richter verschaffen kann, dann heile ich deine tiefen inneren Verletzungen und ersetze sie durch den Frieden Gottes. Dies alles tue ich mit dem Ziel der Freude im Heiligen Geist. Durch Gerechtigkeit, Frieden (bedingt durch innere Heilung) und Freude breitet sich das Reich Gottes in dir weiter aus.

Du musst die Begebenheiten, die zu diesen tiefen Verletzungen geführt haben, nicht noch einmal durchleben. Alte Wunden wieder aufzureißen, ist teuflisch und führt nur zu einer Re-Traumatisierung. Es genügt, hier neben mir in die Sicherheit des Tisches des Herrn zu kommen und einen Blick auf die Bilder zu werfen, die du auf dem Tisch sehen kannst, damit meine Heilung fließen kann. Ich bin nicht gekommen, Wunden wieder aufzureißen, sondern sie zu verbinden und zu heilen. Damit kann der Feind dich nicht mehr über diese Wunden triggern und die kaputten Verhaltensmuster, auch Süchte genannt, verschwinden mit der Genesung."

Ich brauchte einige Zeit, um das, was Jesus mir hier geoffenbart hatte, zu verinnerlichen. Dabei spürte ich, wie Heilung von Jesus in meine Seele und in mein Herz floss und mich umfassender, als ich es bisher erleben durfte, veränderte. „Vielen Dank, Jesus, für deine Liebe, deine Heilung und deine Offenbarungen vom Tisch des Herrn. Darf ich dir noch eine Frage dazu stellen?“

„Gerne, Markus, was möchtest du noch wissen?“

„König David hat diesen Psalm 23 geschrieben. Hat er auch so etwas Ähnliches erlebt wie ich gerade eben?“

Jesus lächelte und antwortete mir: „Ja, David war hier am Tisch des Herrn. Hier heilte ich ihn von den Verletzungen, die Saul ihm durch seine Verfolgung zugefügt hatte, und ebenfalls von seiner Trauer über den Verlust seines Freundes Jonathan.“

Zum Schluss dieser Vision sagte mir Jesus noch: „Bedenke, dies alles geschah und geschieht immer noch um ‚meines heiligen Namens‘ willen.“

Kapitel 4

Ein freudiges Wiedersehen

In einer anderen Vision lud mich Jesus zu einem weiteren Besuch im himmlischen Jerusalem ein. Da ich diese faszinierende Stadt im Himmel in sehr guter Erinnerung behalten habe, nahm ich seine Einladung gerne an. Diesmal befanden wir uns ohne Umweg im himmlischen Jerusalem vor dem Haus, das ich mir bei meiner ersten Vision ausgedacht hatte.[1] Durch meine Verbindung mit diesem Ort brauchte ich anscheinend keinen Zwischenstopp auf der Bank der Herrlichkeit mehr, um in diese Dimension zu gelangen.

Verwundert fragte ich Jesus: „Ich dachte, das Haus, das ich mir bei meinem ersten Besuch hier ausgedacht hatte, wäre nach einer Zeit wieder zu einem Teil der goldenen Straßen von Jerusalem geworden." Jesus lächelte und antwortete mir: „Normalerweise, wenn hier etwas nicht mehr gebraucht wird, baut es sich zurück und zerlegt sich zu dem, woraus es entstanden ist. Doch dein Haus wird noch gebraucht. Lass uns hineingehen, ich habe eine Überraschung für dich!"

Jesus ging durch die Tür in das Haus und ich folgte ihm. Kaum war ich über die Türschwelle eingetreten, stürmte meine Tochter Sarah[2] mir freudestrahlend entgegen und wir fielen uns

---

[1] Siehe hierzu das Kapitel 3: „Im Himmlischen Jerusalem" aus meinem ersten Buch: „Komm höher herauf – Visionen vom Berg Zion, dem Garten Eden und dem himmlischen Jerusalem", GloryWorld-Medien 2020.

[2] Siehe ebenfalls im Kapitel 3: „Sarah" aus meinem ersten Buch.

in die Arme. Was für ein freudiges Wiedersehen! Diesmal nahm ich meine Tochter als hübsch aussehende, fast erwachsene Frau wahr. „Vielen, vielen Dank, Jesus, dass ich meine Tochter in einer Vision wiedersehen darf. Mein ausgedachtes Haus ist offensichtlich bewohnt und wird noch gebraucht. Wie ist das nur möglich?“, wandte ich mich fragend Jesus zu.

„Nachdem deine Vision über das himmlische Jerusalem in diesem Haus beendet war, fragte ich deine Tochter, ob sie gerne hier wohnen wolle“, antwortete Jesus mir. Sarah platzte förmlich heraus: „Dein Haus gefiel mir sofort, als ich es zum ersten Mal sah. Ich habe mich gleich heimisch darin gefühlt. Wahrscheinlich, weil du es dir ausgedacht hast.“ „Ja klar, kannst du hier wohnen, gerne. Dann waren meine materialisierten Gedanken[3] doch zu etwas nützlich“, freute ich mich über das, was meine Tochter zu uns sagte.

Jesus wandte sich zurück zur Tür und meinte: „Habt noch eine schöne Zeit miteinander. Ich werde jetzt noch anderen Menschen eine Vision vom himmlischen Jerusalem schenken.“ „Vielen Dank nochmal Jesus, dass du dieses Treffen mit meiner Tochter möglich gemacht hast“, verabschiedete ich Jesus. Neugierig fragte ich meine Tochter: „Was machst du hier in diesem Haus?“

„Du hast viele Freunde aus der Wolke der Zeugen“, lächelte meine Tochter mich an. „Die kommen hierher zu Besuch oder ich besuche sie. Wir reden über ihre Erlebnisse, als sie auf der Erde waren. Dadurch kann ich vieles über das Leben in der irdischen Dimension lernen. Sie erzählen mir auch über Begegnungen mit dir, Papa.“ „Au weia, ich hoffe sie reden nichts Schlechtes über mich“, entgegnete ich Sarah. „Nein, etwas Schlechtes über jemanden zu reden, das gibt es hier nicht. Wir sehen euch aus der irdischen Dimension mit den Augen von Jesus bzw. des Vaters“, antwortete sie mir.

---

[3] Jesus forderte mich damals auf, ein passendes Haus für mich auszudenken. Vor meinen Augen entstand dieses Haus dann aus den goldenen Steinen von Jerusalem. Meine Gedanken hatten sich sozusagen mit Jesu Hilfe vor unseren Augen materialisiert.

„Na, da bin ich aber erleichtert“, redete ich weiter. „Darf ich dich fragen, wer so alles hier vorbeikommt?“ Sarah dachte kurz nach und antwortete dann: „Der Heilige Geist hat mir gerade das Okay dazu gegeben, deine Frage zu beantworten. Zum Beispiel kommt Hiob[4] mit seiner großen Familie gerne hier vorbei, da ist immer was los. Hiob hatte ja zweimal jede Menge Söhne und Töchter. Da er damals ein angesehener Richter im Tor seiner Stadt war, kann er mir viel Interessantes aus seinem irdischen Leben erzählen. Auch mit seinen Töchtern verstehe ich mich richtig gut. Außerdem feiern im himmlischen Jerusalem immer irgendwelche Heiligen ein Fest. Willst du zu so einem Fest mitkommen?“ „Gerne, was wird den gefeiert?“, fragte ich zurück. Sie antwortete: „Hier im himmlischen Jerusalem braucht es keinen besonderen Anlass, um zu feiern. Alleine die Gegenwart Gottes ist schon ein permanenter Grund, zu feiern. Komm einfach mit, ich zeig es dir.“

Meine Tochter nahm mich bei der Hand und wir gingen die goldenen Straßen von Jerusalem entlang zu einem prächtigen Haus. Schon von Weitem konnte ich fröhliche Musik hören, die aus dem Haus auf die Straße drang. Dem Geräuschpegel nach zu urteilen, musste dies eine sehr große Party sein.

Wir traten zusammen in das Haus ein und wurden freundlich begrüßt. Sogleich bekamen wir erfrischende Getränke gereicht. Ich vermute, diese „Cocktails“ waren auf der Basis von lebendigem Wasser gemixt, da die Flüssigkeit im Glas funkelte. Jedenfalls schmeckte die Mixtur herrlich, und ich spürte die Kraft, die sich dadurch in mir ausbreitete und mich stärkte. Wir gingen weiter durch das Foyer und kamen in einen Ballsaal. Dort tanzten viele Paare fröhlich miteinander.[5]

---

[4] Mehr von meiner Begegnung mit Hiob in einem späteren Kapitel über das Tal der Tränen.

[5] Das hat schon der Prophet Jeremia gesehen: *Die Mädchen freuen sich und tanzen, Jung und Alt sind fröhlich. Ich werde sie trösten; ich verwandle ihre Trauer in Jubel, ihren Kummer in Freude* (Jeremia 31,13). Und das gilt nicht nur für die Sammlung des zerstreuten Israels.

Ich stupste meine Tochter an und sagte zu ihr: „Dir ist schon klar, dass ich im irdischen Bereich nicht tanzen kann. Das hat mich nie interessiert. In meiner Jugend habe ich lieber Platten aufgelegt oder eine Lightshow bedient." Jetzt lachte meine Tochter herzlich. „Wo ist das Problem? Hier kann ich dir das, was ich übers Tanzen gelernt habe, einfach übertragen." Sarah grinste mich immer noch an, berührte dann mit ihrer Hand meine Stirn und ich spürte, dass irgendwelche Informationen von ihr auf mich übergingen.

Dann packte mich meine Tochter und zog mich geradewegs auf die Tanzfläche ... und ich konnte tanzen. Einfach herrlich. Was für ein Erlebnis. Wir wirbelten nur so über die Tanzfläche. Dies war eine der Visionen, bei der es mir sehr schwer viel, wieder zurück in die irdische Dimension zu kommen. Leider konnte ich die Fähigkeit zu tanzen nicht in die irdische Dimension mitnehmen. Mein Trost ist, dass ich eine Ewigkeit lang Zeit haben werde, das im Himmel bei Jesus und meiner Tochter nachzuholen.

Kapitel 5

Die Vision vom lebendigen Wort Gottes

Die Vision vom lebendigen Wort Gottes wurde mir in mehreren Etappen geoffenbart. Es begann mit einer Verhandlung[1] vor dem himmlischen Gerichtshof. Während dieser kam mir die Idee, Bibelverse, die Gott uns für die Verhandlung prophetisch gegeben hatte, in den Zeugenstand zu rufen.

Ich formulierte das vor Gott, dem obersten Richter, folgendermaßen: „Gemäß Hebräer 4,12: *‚Denn das Wort Gottes ist* ***lebendig*** *und wirksam und schärfer als jedes zweischneidige Schwert und durchdringend bis zur Scheidung von Seele und Geist, sowohl der Gelenke als auch des Markes, und ein Richter der Gedanken und Gesinnungen des Herzens‘*, rufe ich jetzt das lebendige Wort Gottes in den Zeugenstand. Das soll in der Folge gleichfalls für alle in diesem Verfahren angeführten Bibelstellen gelten."

Ich dachte bei mir, es müsste sich doch alles, was lebendig ist, in den Zeugenstand rufen lassen. Zuvor hatte mir Gott schon geoffenbart, dass ich Heilige aus der Wolke der Zeugen bitten kann, in den Zeugenstand zu treten, um uns in dem jeweiligen Verfahren mit ihrem Zeugnis, wo sie ähnliche Ungerechtigkeiten erlitten hatten, zu helfen.

Nach der Verhandlung hörte ich den Heiligen Geist zu mir sagen: „Danke, Markus, dass du mich in den Zeugenstand gerufen

---

[1] Mehr dazu in dem Buch von Robert Henderson: „In den Gerichtssälen des Himmels wirken: Gott das legale Recht schaffen, seine Leidenschaft zu erfüllen und Antworten auf Gebet zu geben", HIS Ministries, 2016.

hast." Etwas verdutzt erwiderte ich ihm: „Ich hatte eigentlich das lebendige Wort Gottes in den Zeugenstand gerufen und nicht dich!" „Ich bin das lebendige Wort Gottes", entgegnete mir der Heilige Geist. „Ich habe die Heilige Schrift inspiriert. Jesus ist natürlich auch das lebendige Wort Gottes[2] und ebenfalls der Vater. Im Anfang hat der Vater gesprochen und alles Seiende ist entstanden[3]. Du hast es hier mit einer weiteren Dimension Gottes zu tun.

Genauso wie das Blut Jesu vor dem himmlischen Gerichtshof für euch Zeugnis ablegt, tut es auch das lebendige Wort Gottes. Deswegen sollten die Menschen, die hier vor dem Thron Gottes erscheinen, um ihn als obersten Richter um Gerechtigkeit zu bitten, nach passenden Versen aus der Bibel fragen, die für ihr Anliegen sprechen können. Da die prophetisch geoffenbarten Bibelverse das lebendige Wort Gottes sind, haben sie einen gültigen Stellenwert in einer himmlischen Verhandlung. Doch es gibt noch viel mehr für dich in der Dimension des lebendigen Wortes zu entdecken. Jesus wird dir zukünftig noch einiges dazu zeigen."

In der Dimension des lebendigen Wortes Gottes

Wenige Wochen später fragte mich Jesus, ob ich ihm zu der Dimension des lebendigen Wortes Gottes folgen wolle. Natürlich wollte ich – ich war schon gespannt, was es in dieser Dimension noch alles für mich zu entdecken gab. Im Geist befand ich mich neben Jesus an einem mir bisher unbekannten Ort in einer himmlischen Dimension. Mir fielen sofort die vielen Lichtsäulen auf, die sich um uns herum befanden.

Jesus forderte mich mit einer Geste auf, mir eine der Lichtsäulen näher anzusehen. Da sie sehr intensiv in verschiedenen Farben leuchteten, mussten sich meine Augen erst an dieses grelle Licht gewöhnen, um etwas zu sehen. Nach einigen

---

[2] Vgl. Johannes 1.

[3] Vgl. 1. Mose 1,1.

Momenten konnte ich einen Bibelvers erkennen, der wie eine vertikale Laufschrift in der Lichtsäule vor uns auf- und abwanderte. Es handelte sich um Jesaja 55,10-11:

Denn wie der Regen fällt und vom Himmel der Schnee und nicht dahin zurückkehrt, sondern die Erde tränkt, sie befruchtet und sie sprießen lässt, dass sie dem Sämann Samen gibt und Brot dem Essenden, so wird mein Wort sein, das aus meinem Mund hervorgeht. Es wird nicht leer zu mir zurückkehren, sondern es bewirkt, was mir gefällt, und führt aus, wozu ich es gesandt habe.

„Was hat es mit den auf- und absteigenden Bibelversen hier in diesen Lichtsäulen auf sich?", fragte ich Jesus.

„Dies hat mehrere, multidimensionale[4] Bedeutungen. Ein paar davon kann ich dir sofort erklären, andere wirst du später erfahren", erwiderte Jesus mir. „Dass du hier die Bibelverse auf- und absteigen siehst, ist die Versinnbildlichung von Jesaja 55,10-11. Diese Verse bewegten sich, inspiriert vom Heiligen Geist, von der himmlischen Ebene hinab zu Jesaja auf die irdische Ebene. Der Prophet Jesaja hat die Verse nicht nur notiert, sondern auch in seinem Herzen bewegt, gebetet und ausgesprochen. Sie wurden in die Bibel aufgenommen. Wenn du dich auf dieses lebendige Wort Gottes in deinem Herzen einlässt und die Verse aussprichst, kehren sie von der irdischen Ebene wieder zurück auf die himmlische Ebene, und das wiederum setzt die Erfüllung der Worte frei. Du siehst, das ist ein Kreislauf. Vom Himmel zur Erde und wieder zurück.

Die Analogie zum Kreislauf des Wassers sollte dir klar sein. Ich werde diese Verse jetzt hier in dieser himmlischen Dimension noch einmal aussprechen. Achte darauf, was dann passiert! *‚Denn wie der Regen fällt und vom Himmel der Schnee und nicht dahin zurückkehrt, sondern die Erde tränkt, sie befruchtet*

[4] Ein mehrdimensionales System ist eine Struktur, in der mehr als eine Variable (wie neben der räumlichen Dimension etwa die Zeit dazu kommt) zusammenwirken. Auch Körper, Seele und Geist kann man als drei unterschiedliche Dimensionen verstehen, die in uns Menschen zusammenwirken.

und sie sprießen lässt, dass sie dem Sämann Samen gibt und Brot dem Essenden, so wird mein Wort sein, das aus meinem Mund hervorgeht. Es wird nicht leer zu mir zurückkehren, sondern es bewirkt, was mir gefällt, und führt aus, wozu ich es gesandt habe.'"

Schon in dem Moment, als Jesus anfing, dieses lebendige Wort Gottes aus Jesaja 55 erneut auszusprechen, fing die Lichtsäule mit diesen Bibelversen noch viel intensiver an zu leuchten. Es war, als hätte sich die Energie der Lichtsäule mehr als verdoppelt. Auch nahm die Geschwindigkeit der „Laufschrift" zu, und als Jesus das letzte Wort des Verses ausgesprochen hatte, war aus der „Laufschrift" ein Wirbel geworden, der ebenfalls auf- und abstieg.

Jesus konnte meine Beobachtungen in meinen Gedanken lesen. „Du hast gut beobachtet, Markus", lobte er mich. „Durch den Wirbel können jetzt Beter auf der irdischen Ebene von den Worten Gottes in Form von Prophetien ergriffen werden und mehr von ihnen verstehen. Wenn sie sich jetzt in der Anbetung darauf einlassen, können sie in den Wirbel eintreten und sich mit der himmlischen Ebene verbinden. Das setzt dann weitere Wellen von Offenbarungen und Segen von mir frei."

Ich beobachtete, wie die Intensität der Lichtsäule und die Geschwindigkeit des Wirbels sich noch weiter steigerten. Plötzlich zeigte sich an der Oberfläche der Lichtsäule so etwas wie eine Lichteruption. Es schoss ein Lichtstrahl aus der Säule heraus und bildete eine Lichtbrücke zu einer weiteren Lichtsäule mit einem anderen lebendigen Wort Gottes. Auf Grund der Verbindung über die Lichtbrücke entstand dort ebenfalls ein Wirbel aus dem Wort Gottes und jede Menge Energie wurde über die Lichtbrücke ausgetauscht.

Jesus forderte mich auf: „Geh zu der anderen Lichtsäule und lies, was dort geschrieben steht." Ich ging also dorthin und las den Vers aus Johannes 1,51, der hier wirbelte: *„Und [Jesus] spricht zu [Nathanael]: Wahrlich, wahrlich, ich sage euch: Ihr werdet den Himmel geöffnet sehen und die Engel Gottes auf- und niedersteigen auf den Sohn des Menschen."*

Als ich den Vers gelesen hatte, fragte ich Jesus: „Was ist die Bedeutung davon, dass sich die Lichtsäulen und damit die beiden lebendigen Worte Gottes miteinander verbunden haben?" Er antwortete: „In Johannes 1,51 habe ich Bezug genommen auf die Leiter, besser gesagt Dimensionsbrücke, die Jakob in seinem Traum gesehen hat.[5] Ich bin diese Brücke! Du kannst auch Himmelsportal zu dieser Brücke sagen, denn sie reicht von der irdischen in die himmlische Dimension und zurück. Zusammen mit den Engeln steigen die lebendigen Worte Gottes zwischen den Ebenen auf und nieder.

Deswegen ist es für euch Menschen auf der irdischen Ebene möglich, im Geist durch das Wort Gottes als Portal beziehungsweise Brücke in die himmlische Dimension zu gelangen. Das ist eine der Wirkungsweisen des lebendigen Wortes Gottes. Es ist weit mehr, als dass der Heilige Geist in dir das Wort lebendig macht, sodass du es aktuell auf eine konkrete Situation in deinem Leben anwenden kannst. Auch die Engel kommen mit ins Spiel. Sie dienen dem lebendigen Wort Gottes und damit auch euch Menschen auf der irdischen Ebene, wenn ihr dieses Wort betet. Die Engel gelangen durch das lebendige Wort zu euch und helfen euch, es anzuwenden. Doch nun komm weiter mit, wir gehen noch tiefer in die Dimension des lebendigen Wortes hinein."

Mittlerweile hatten sich meine Augen (des Herzens) so weit angepasst, dass ich mehr wahrnehmen konnte als zuvor. Ich sah jetzt viele Engel, die mit dem Wort in die irdische Dimension gingen und nach erledigtem Auftrag wieder zurückkamen. Auch konnte ich viele „Lichtbrücken" erkennen, die sich bildeten und nach einiger Zeit auch wieder abbauten. Diese Dimension des lebendigen Wortes Gottes sah für mich aus wie ein riesiger, lebendiger Organismus.

Jesus ließ mich alles betrachten, ging dann weiter und ich folgte ihm. Er ging durch die Lichtsäulen hindurch, ich jedoch ging außen herum. Wie Jesus durch eine Lichtsäule hindurchzugehen, traute ich mich nun doch noch nicht. Allerdings spürte

---

[5] Vgl. 1. Mose 28,12.

ich durch die vielfältigen Aktivitäten um mich herum, wie zunehmend Kraft in mich hineinfloss und mich stärkte.

Eine riesige Lichtsäule

Nach einer gefühlten Ewigkeit (Hinweis am Rande: in dieser Dimension gibt es keine Zeit!) kamen wir bei einer im Durchmesser riesigen Lichtsäule an. Hier brauchten meine Augen des Herzens noch länger, ehe ich Details darin erkennen konnte. Dadurch, dass sie so groß war, leuchtete sie noch intensiver als alle anderen Lichtsäulen um sie herum. „Was ist das für eine große Lichtsäule?“, fragte ich Jesus. „Diese Lichtsäule sieht so aus, als wäre sie aus lauter einzelnen Lichtsäulen, ähnlich einer Wabenstruktur – von oben gesehen – zusammengesetzt. Im Gegensatz zu den anderen Lichtsäulen sehe ich zwar so etwas wie Worte, ich kann sie aber nicht entziffern.“

Jesus lächelte und erklärte mir: „Um diese Worte zu verstehen, brauchst du vom Heiligen Geist die Gabe der Auslegung des Sprachengebetes. Was du hier siehst, sind die Lichtsäulen des Sprachengebets. Auch dieses Sprachengebet geht, inspiriert vom Heiligen Geist, aus dieser himmlischen Dimension des lebendigen Wortes Gottes durch euren Geist zu euch hinüber in die irdische Dimension.

In 1. Korinther 14,2 hat der Apostel Paulus euch Folgendes weitergegeben: *‚Denn wer in einer Sprache redet, redet nicht zu Menschen, sondern zu Gott; denn niemand versteht es, im Geist aber redet er Geheimnisse.‘* Kaum jemand versteht derzeit die Tragweite, was ich euch durch Paulus mitgeteilt habe. Mittels des Sprachengebets kannst du Geheimnisse Gottes aussprechen bzw. proklamieren, die die Mächte der Finsternis nicht verstehen können. Das Sprachengebet ist eine sehr mächtige Waffe im Kampf, um dem Teufel zu widerstehen.

Durch diesen Kreislauf des Auf- und Absteigens der lebendigen Worte Gottes werdet ihr gestärkt. Das heißt, ihr werdet mit der Kraft vom Himmel erfüllt. Das wiederum setzt Prophetien für euch bzw. durch euch vom Himmel frei. Paulus hatte dies erkannt und mehr als alle anderen damals in Sprachen gebetet.[6] Das war einer der Gründe dafür, warum ich durch den Apostel Paulus das Reich Gottes so mächtig und weit verbreiten konnte."

Der Kreis schließt sich

In einer weiteren Vision war ich wieder mit Jesus zusammen in der Dimension des lebendigen Wortes Gottes. Er sagte Folgendes zu mir: „Markus, heute wirst du noch tiefer in das lebendige Wort Gottes eindringen. Du brauchst nun keinen Bogen mehr um die Lichtsäulen zu machen, sondern du wirst durch eine der Lichtsäulen hindurchgehen. Fürchte dich nicht!"

„Okay", dachte ich bei mir, „wenn Jesus das sagt, dann werde ich mich nicht fürchten." – Es war mir bei dem Gedanken dennoch mulmig zumute, und ich fragte mich, was jetzt auf mich zukommen würde. Doch letztendlich beschloss ich, Jesus zu vertrauen und mich auf das einzulassen, was er mich erfahren lassen wollte.

Diesmal nahm mich Jesus an der Hand und führte mich zu einer Lichtsäule, die intensiv in allen möglichen Farben leuchtete. Allein das sich permanent verändernde Farbenspiel zog mich förmlich zu dieser Säule hin. Jesus forderte mich zunächst dazu auf, die auf- und absteigenden Bibelverse zu lesen. Dort lief Hebräer 12,22-24:

> *Sondern ihr seid gekommen zum Berg Zion und zur Stadt des lebendigen Gottes, dem himmlischen Jerusalem; und zu Myriaden von Engeln, einer Festversammlung; und zu der Gemeinde [ecclesia] der Erstgeborenen, die in den Himmeln angeschrieben sind; und zu Gott, dem Richter aller; und zu den Geistern der vollendeten Gerechten; und zu Jesus, dem Mittler eines neuen Bundes; und zum Blut der Besprengung, das besser redet als [das Blut] Abels.*

---

[6] Paulus schrieb den Korinthern: *„Ich danke Gott, ich rede mehr in Sprachen als ihr alle"* (1. Korinther 14,18).

Diese Verse des lebendigen Wortes Gottes sind mir sehr vertraut. Nachdem ich mein Buch „Komm höher herauf!“ (Band 1) fast fertig geschrieben hatte, hatte mir Jesus erklärt, dass ich durch diese Bibelverse als Portal an diese dort beschriebenen himmlischen Orte gelangt sei. „Heute wird sich der Kreis für dich schließen. Berühre nun diese Lichtsäule“, forderte Jesus mich auf.

Etwas zögerlich berührte ich mit meinen beiden Händen die Lichtsäule. Zug um Zug konnte ich immer mehr erkennen. Ich hörte zuerst diese Bibelverse, dann nahm ich sie als Gesang war. Mehr noch, ich konnte die Lichtfrequenzen dahinter erkennen. Dann spürte ich mit meinem ganzen Körper, wie das Licht von diesen Versen durch mich hindurchging und mich erfüllte. Ich roch den wohlriechenden Duft dieser Worte. Meine geistlichen Sinne des Herzens nahmen mehr und mehr von dieser Lichtsäule und dem lebendigen Wort Gottes darin auf.

Jesus erklärte mir, was hier gerade passierte: „Du beginnst, dich mit diesem lebendigen Wort Gottes zu verbinden. Mit deinem Herzen und all deinen Sinnen. Mit Körper, Seele und Geist. Über dein Herz nimmt das Wort Gestalt in dir an, so weit, bis du zu diesem Wort geworden bist. Damit schließt sich der Kreis für dich. Durch diese Erfahrung verkörperst du jetzt dieses Wort, also das, was die Absicht mit meinem Wort gewesen ist mit dir und allen meinen Jüngern. Ihr sollt das Wort nicht nur wissen, sondern werden. Wenn du jetzt in diese Lichtsäule mit dem lebendigen Wort Gottes hineingehst, erfährst du den ganzen Umfang des Wortes, seinen Anfang und sein Ende, seine Absicht und seine Erfüllung. Zu einem kleinen Teil spiegelst du mein Wesen wider: *‚Ich bin das Alpha und das Omega, der Erste und der Letzte, der Anfang und das Ende‘* (Offenbarung 22,13).“

Ich nahm all meinen Mut zusammen und ging in die Lichtsäule mit dem lebendigen Wort Gottes hinein. Es war genauso, wie Jesus es mir gesagt hatte. Ich war gleichzeitig am Anfang und am Ende meiner gottgegebenen Visionen. Ich war überwältigt von der Herrlichkeit des Wortes Gottes. Es fühlte sich für mich an, als wäre ich in dieser Lichtsäule wie aufgelöst, als wäre ich selber zu dem Licht in dieser Säule geworden. Wie schön, dass ich dadurch Jesus jetzt ein Stück ähnlicher geworden war. „Doch – wie immer – gibt es hier noch viel mehr zu entdecken“, beendete Jesus für heute seine Erklärung zu dieser Dimension des lebendigen Wortes Gottes.

Wie kannst du von solchen Visionen profitieren?

Bitte den Heiligen Geist, deine inneren Augen des Herzens zu öffnen. Lasse dich dann auf das lebendige Wort Gottes ein, so wie Gott es dir zeigt. Meditiere darüber und gehe durch das Wort, vergleichbar wie durch ein Tor oder ein Portal, in die himmlische Dimension hinter dem Wort Gottes hinein. Eine rein intellektuelle Betrachtung des Wortes Gottes beraubt dich des reichhaltigen Lebens, das in dem lebendigen Wort Gottes eingebettet ist. Durch Bibelstudium allein kommt man nicht in die Verwirklichung dessen hinein, wovon das Wort spricht. Das ist die bittere Erfahrung vieler Christen. Die Verheißungen Gottes erfüllen sich in ihrem Leben nicht. Stets braucht es eine Erleuchtung durch den Heiligen Geist, um das lebendige Wort Gottes zu erfahren.

Kapitel 6

In der Dimension des Vaterunsers

Während eines internationalen Gebetsmeetings benutzte der Sprecher das Vaterunser als Leitfaden für seinen Vortrag. Ich dachte zuerst bei mir: „Na ja, das Vaterunser kenne ich schon ..." Tja, *kennen* vielleicht, aber habe ich es schon *erlebt?*

Vater unser im Himmel,
geheiligt werde dein Name.
Dein Reich komme.
Dein Wille geschehe,
wie im Himmel, so auf Erden.
Unser tägliches Brot gib uns heute.
Und vergib uns unsere Schuld,
wie auch wir vergeben unsern Schuldigern.
Und führe uns nicht in Versuchung,
sondern erlöse uns von dem Bösen.
Denn dein ist das Reich und die Kraft
und die Herrlichkeit in Ewigkeit. Amen.
(Matthäus 6,9-13)

Da ich selber lehre, dass das lebendige Wort Gottes ein Portal[1] in die unsichtbare Welt ist, fokussierte ich mich darauf, im Geist durch dieses „Vaterunser" in die himmlische Dimension zu gehen. Nachdem der Sprecher die Worte „Vater unser im Himmel"

---

[1] Siehe hierzu die Veröffentlichungen auf meiner Webseite https://www.torezumhimmel.de.

ausgesprochen hatte, dauerte es nur einen Moment, und schon befand ich mich vor dem Thron des Vaters im Himmel.

Vater unser im Himmel.

In der Mitte dieses Raumes im Himmel befand sich der Thron Gottes, auf dem der Vater in seiner Herrlichkeit saß. Neben mir nahm ich noch weitere Beter wahr. Alle lagen kreisförmig um den Thron Gottes herum auf dem Boden und beteten an. Doch dieser Raum, diese Dimension des Thrones Gottes, war so gewaltig, dass ich nur einen kleinen Teil davon sehen konnte.

Ich lag ausgesteckt auf dem Boden, mit dem Gesicht nach unten. Für mich fühlte sich das völlig normal an, dem Vater auf diese Weise die maximale Ehre zu geben. Auch alle anderen Beter lagen so wie ich auf ihrem Angesicht am Boden. Wir alle waren auf den Thron Gottes ausgerichtet, das heißt unsere ausgesteckten Arme lagen in Richtung auf den Thron des Vaters.

Die Fläche, auf der ich lag, war kein normaler Boden. Sie war mehr wie ein Wasserbett und passte sich mir an, sodass ich bequem liegen konnte. Sie sah auch nicht aus, wie ein üblicher Boden, sondern wie ein gläsernes Meer[2]. Mir kam der interessante Gedanke, dass vielleicht das, worauf ich lag, eine weitere Dimension des lebendigen Wassers war. Auf jeden Fall war der „Boden" multidimensional, denn ich konnte den Thron Gottes und den Vater darauf so sehen, als würde ich vor dem Thron stehen, obwohl ich auf meinem Gesicht lag und eigentlich nach unten blickte.

Geheiligt werde dein Name.

Als der Sprecher die Worte „geheiligt werde dein Name" vorlas, ging vom Thron des Vaters eine Welle der Heiligkeit aus. Es war, wie wenn ein Stein ins Wasser geworfen wird und sich von dort aus konzentrisch Wellen ausbreiten. Diese Wellen der

---

[2] *Und vor dem Thron war es wie ein gläsernes Meer, gleich Kristall; und inmitten des Thrones und rings um den Thron vier lebendige Wesen, voller Augen vorn und hinten* (Offenbarung 4,6).

Heiligkeit rollten mitten durch die hier liegenden Beter hindurch. Dadurch tranken die Beter die Heiligkeit Gottes sozusagen in sich hinein und wurden ihrer teilhaftig, so wie es in 1. Petrus 1,16 heißt: *„Denn es steht geschrieben: ‚Seid heilig, denn ich bin heilig.'“*

Erst die Verbindung mit der Heiligkeit Gottes ermöglicht es uns, seinen Namen zu heiligen und einen heiligen Lebensstil zu führen.[3] Ich empfand mich in diesen Wellen durch und durch vom Vater erkannt. Nichts von meiner ganzen Existenz war dem Vater verborgen. Einerseits ist dieses Durchschautsein auf Grund unseres durch die Sünde deformierten Wesens erschreckend, andererseits aufgrund der Vergebung durch Jesus Christus sehr befreiend. Die Heiligkeit macht alle und alles ganz echt. Da Gott allwissend ist[4], macht es sowieso keinen Sinn, irgendetwas vor ihm zu verbergen. Diese Dimension des Vaterunsers beinhaltet den Schalom Gottes, seinen übernatürlichen Frieden, der die Beter durchdringt, sodass sie die Heiligkeit Gottes nicht zu fürchten brauchen. So stelle ich mir eine Form der Anbetung in Wahrheit und im Geist vor.[5]

Dein Reich komme.

Es ging eine weitere Welle vom Thron Gottes aus und verband die Beter, die hier vor ihm lagen, mit dem Königreich Gottes. Tief im Inneren der Herzen machte diese Welle die anwesenden Beter bereit, das Königreich Gottes zu empfangen.

Jesus predigte das Evangelium vom Reich Gottes:

---

[3] Vgl.: Frank Krause, „Der heilige Weg: Leben im Geist und in der Wahrheit“, Glory World-Medien 2023.

[4] *Wie wunderbar ist doch Gott! Wie unermesslich sind seine Reichtümer, wie tief seine Weisheit und seine Erkenntnis! Unmöglich ist es uns, seine Entscheidungen und Wege zu begreifen! Denn wer kann wissen, was der Herr denkt? Wer kann sein Ratgeber sein?* (Römer 11,33-24 NLB)

[5] *„Gott ist Geist, und die ihn anbeten, müssen in Geist und Wahrheit anbeten“* (Johannes 4,24).

> *Die Zeit ist erfüllt, und das Reich Gottes ist nahegekommen. Tut Buße und glaubt an das Evangelium!* (Markus 1,15).

Diese Botschaft vom Königreich Gottes ist weit mehr als das verkürzte Evangelium der Sündenvergebung zur Errettung der Seelen, das in vielen Gemeinden und Kirchen gepredigt wird (wenn überhaupt). Die Sündenvergebung von Jesus ist zwar sehr wichtig, stellt aber nur den allerersten Schritt auf dem Weg der Nachfolge dar. Die Absicht Gottes ist es, sein Königreich hier und jetzt in den Herzen der Menschen aufzurichten, sodass seine Gemeinde auf Erden die himmlische Realität widerspiegelt. So wie im Anfang Adam und Eva auf göttliche Weise über die Schöpfung herrschen sollten, so soll es heute die Gemeinde tun.

Die Zerstörung, die durch das Gift des Baumes der Erkenntnis von Gut und Böse über die Welt gekommen ist, soll rückgängig gemacht werden. Das Unheilige soll wieder heilig werden. Im Reich Gottes arbeiten erlöste Menschen, die Engel und Gott gemeinsam daran, das Paradies wiederherzustellen. Dieses Königreich Gottes ist das Ende der Versklavung unter die Sünde, also der Trennung von Gott. Es stellt die Einheit und Freiheit des Anfangs im Paradies wieder her.

Dein Wille geschehe, wie im Himmel, so auf Erden.

Als diese Welle durch die Beter rollte, wurde der Wille Gottes in ihre Herzen eingeprägt. Was dem natürlichen Menschen unmöglich ist, wurde dadurch möglich.

> *Jesus aber sah sie an und sprach: Bei Menschen ist es unmöglich, aber nicht bei Gott; denn bei Gott sind alle Dinge möglich* (Markus 10,27).

Ohne eine Offenbarung des Willens Gottes können wir ihn nicht erkennen, sondern nur eine theoretische Theologie darüber konstruieren. Darüber hinaus muss unser Herz mit diesem Willen

Gottes kompatibel gemacht werden.[6] Das ist ein Aspekt der Heiligung, die uns im Thronraum widerfährt.

In der bekannten Bibelstelle in Matthäus 6,33 heißt es: *„Trachtet aber zuerst nach dem Reich Gottes und nach seiner Gerechtigkeit! Und dies alles wird euch hinzugefügt werden."* Dieses „Trachtet aber zuerst nach dem Reich Gottes" ist dem natürlichen Menschen nicht bis in die letzte Konsequenz möglich. Die Bereitschaft, sein egoistisches Verhalten am Kreuz zu lassen und sich dem Willen Gottes bereitwillig und völlig unterzuordnen, bedarf der übernatürlichen Kraft Gottes.

Wenn wir den Willen Gottes auf der Erde umsetzen wollen, brauchen wir eine Verbindung zum Thron Gottes. Wir müssen zwingend in die Gegenwart Gottes kommen, um seinen Willen zu erfahren und auf Erden zu verwirklichen. Das geht einerseits nur durch die geistgewirkte Erkenntnis des Willens Gottes und andererseits auch nur in der Kraft Gottes.

Ein Beispiel dafür: Jesus erklärte, als er auf der Erde weilte: *„Wenn ich aber durch den Geist Gottes die Dämonen austreibe, so ist also das Reich Gottes zu euch gekommen"* (Matthäus 12,28). Damit auch wir die Dämonen austreiben können, überträgt uns Jesus die entsprechende Vollmacht: *„Siehe, ich habe euch die Macht gegeben, auf Schlangen und Skorpione zu treten, und über die ganze Kraft des Feindes, und nichts soll euch schaden"* (Lukas 10,19). Das finden wir bestätigt im Missionsbefehl.[7]

---

[6] Siehe Kapitel 4 „Im Herzen des Vaters" aus meinem Buch „Komm höher herauf! (Band 1)" und Hesekiel 36,26: *„Und ich werde euch ein neues Herz geben und einen neuen Geist in euer Inneres geben; und ich werde das steinerne Herz aus eurem Fleisch wegnehmen und euch ein fleischernes Herz geben."*

[7] Und er sagte zu ihnen: *„Geht in die ganze Welt und verkündet allen Menschen die gute Botschaft. Wer glaubt und getauft wird, wird gerettet werden. Wer aber nicht glaubt, wird verurteilt werden. Und diese Zeichen werden die begleiten, die glauben: Sie werden in meinem Namen Dämonen austreiben und sie werden neue Sprachen sprechen. Sie werden Schlangen anfassen oder etwas Tödliches trinken können, und es wird ihnen nicht schaden. Sie werden Kranken die Hände auflegen und sie heilen"* (Markus 16,15-16 NLB).

Unser tägliches Brot gib uns heute.

In Psalm 55,23 (LUT) lesen wir: „*Wirf dein Anliegen auf den HERRN; der wird dich versorgen und wird den Gerechten in Ewigkeit nicht wanken lassen.*" Doch ehrlich gesagt, wer von uns hat schon das Vertrauen in die volle Versorgung durch den himmlischen Vater?

> *Betrachtet die Lilien, wie sie wachsen; sie mühen sich nicht und spinnen auch nicht. Ich sage euch aber, selbst Salomo in all seiner Herrlichkeit war nicht bekleidet wie eine von ihnen. Und ihr, trachtet nicht danach, was ihr essen oder was ihr trinken sollt, und seid nicht in Unruhe! Denn nach diesem allen trachten die Nationen der Welt; euer Vater aber weiß, dass ihr dies benötigt. Trachtet jedoch nach seinem Reich! Und dies wird euch hinzugefügt werden* (Lukas 12,27.29-31).

Diese über die Beter hinwegrollende Welle des Wohlgefallens des Vaters daran, uns zu versorgen, verankerte das Vertrauen in die übernatürliche Versorgung durch den Vater tief in ihren Herzen. In Christus ist der Fluch aus 1. Mose 3,17-19b aufgehoben:

> *Und zu Adam sprach [Gott]: Weil du auf die Stimme deiner Frau gehört und gegessen hast von dem Baum, von dem ich dir geboten habe: Du sollst davon nicht essen! – so sei der Erdboden deinetwegen verflucht: Mit Mühsal sollst du davon essen alle Tage deines Lebens; und Dornen und Disteln wird er dir sprossen lassen, und du wirst das Kraut des Feldes essen! Im Schweiße deines Angesichts wirst du [dein] Brot essen.*

Die Schöpfung Gottes wartet sehnsüchtig darauf, dass wir, die Kinder Gottes, ihr die Erlösung von diesem Fluch bringen:

> *Die ganze Schöpfung wartet sehnsüchtig auf den Tag, an dem die Kinder Gottes vor aller Augen in dieser Herrlichkeit offenbar werden* (Römer 8,16 GNB).

Diese Herrlichkeit besteht unter anderem in der Versorgung der Schöpfung durch den Schöpfer.

Und vergib uns unsere Schuld, wie auch wir vergeben unsern Schuldigern.

Die nächste Welle, die vom Vater ausging, ermöglichte es den hier anwesenden Betern, von ganzem Herzen zu vergeben. Nur durch den stellvertretenden Tod von Jesus können uns unsere Sünden vergeben werden. Dass Jesus die Vollmacht dazu hat, bewies er in einer drastischen Art und Weise den Pharisäern und Schriftgelehrten, als er zu einem Gelähmten sagte:

> *Damit ihr aber wisst, dass der Sohn des Menschen Vollmacht hat, auf der Erde Sünden zu vergeben … Dann sagt er zu dem Gelähmten: Steh auf, nimm dein Bett auf, und geh in dein Haus! Und er [der Gelähmte] stand auf und ging in sein Haus* (Matthäus 9,6).

Oder wie es Petrus in seiner Pfingstpredigt formuliert hat:

> *Tut Buße, und jeder von euch lasse sich taufen auf den Namen Jesu Christi zur Vergebung eurer Sünden! Und ihr werdet die Gabe des Heiligen Geistes empfangen* (Apostelgeschichte 2,38).

Unser alter Mensch, für den die Bibel oft die Bezeichnung Fleisch verwendet, tut sich sehr schwer damit, zu vergeben. Und selbst wenn er vom Verstand her vergibt, geht die Vergebungsbereitschaft nicht tief genug in unser verletztes und verhärtetes Herz hinein. Damit einher geht folgendes Problem:

> *Denn wenn ihr den Menschen ihre Vergehungen vergebt, so wird euer himmlischer Vater auch euch vergeben; wenn ihr aber den Menschen nicht vergebt, so wird euer Vater eure Vergehungen auch nicht vergeben* (Matthäus 6,14-15).

Wer immer sich in diese Dimension des Thrones des Vaters begibt, dessen Herz wird vom Vater ausgetauscht, sodass er von

Herzen vergeben kann.[8] Von Menschen mit verletztem und hartem Herzen zu verlangen, anderen ihre Sünden zu vergeben, ist viel verlangt. Wie soll das funktionieren? Wenn sie es nur aus Furcht vor Gottes Strafe tun, was dann Heuchelei wäre, führt es zu keiner Befreiung und Heilung. An dieser Stelle werden meines Erachtens in der Seelsorge viele Fehler gemacht. Wie gesagt, braucht es ein neues Herz dazu. Das scheint im Allgemeinen unklar zu sein.

Und führe uns nicht in Versuchung, sondern erlöse uns von dem Bösen.

Mit diesem Vers aus dem Vaterunser hatte ich zuerst so meine Probleme, denn in Jakobus 1,13 (GNB) steht geschrieben:

> *Wenn ein Mensch in Versuchung gerät, soll er nicht sagen: „Gott hat mich in Versuchung geführt." So wie Gott nicht zum Bösen verführt werden kann, so verführt er auch niemanden dazu.*

Das würde zu einem Konflikt mit den Worten „und führe uns nicht in Versuchung" aus dem Vaterunser führen, wenn da nicht Galater 6,7 wäre:

> *Irrt euch nicht, Gott lässt sich nicht verspotten! Denn was ein Mensch sät, das wird er auch ernten. Denn wer auf sein Fleisch sät, wird vom Fleisch Verderben ernten; wer aber auf den Geist sät, wird vom Geist ewiges Leben ernten.*

Das Problem ist also in uns selber zu suchen und nicht bei Gott. Wenn wir Böses säen, werden wir entsprechend die Frucht des Bösen daraus ernten. Verschiedene Bibelübersetzer weisen darauf hin, dass dieser Vers auch mit „und führe uns durch bzw.

---

[8] Siehe Kapitel 4 „Im Herzen des Vaters" aus meinem Buch „Komm höher herauf! (Band 1)" und Hesekiel 36,26: *„Und ich werde euch ein neues Herz geben und einen neuen Geist in euer Inneres geben; und ich werde das steinerne Herz aus eurem Fleisch wegnehmen und euch ein fleischernes Herz geben."*

aus der Versuchung“ übersetzt werden kann[9], was an dieser Stelle viel mehr Sinn macht.

Der Apostel Paulus hat das Problem mit dem Ego bzw. dem „Fleisch“ so formuliert: *„Was bin ich doch für ein elender Mensch! Wer wird mich von diesem Leben befreien, das von der Sünde beherrscht wird?“* (Römer 7,24 NLB). Im nächsten Kapitel „Besserungsanstalt versus Trainingscamp“ gehe ich näher darauf ein, wie wir diesem Dilemma entkommen können. Jedenfalls brachte diese Welle vom Vater eine tiefergehende Erlösung von dem Bösen zu den Betern. Ebenfalls hat der Apostel Paulus es schön in 2. Timotheus 4,18 formuliert:

> *Der Herr aber wird mich erlösen von allem Übel und mich retten in sein himmlisches Reich. Ihm sei Ehre von Ewigkeit zu Ewigkeit! Amen.*

Denn dein ist das Reich und die Kraft und die Herrlichkeit in Ewigkeit. Amen.

Zusammenfassend spürte ich bei jeder dieser Wellen, die vom Thron des Vaters ausging, eine große Freude des Vaters, dass wir als Beter bereit waren, diese Segnungen bzw. Transformationen durch das lebendige Wort in unser Herz aufzunehmen. Die Wellen der Kraft zeigten mir, dass das Wort Gottes nicht nur in Informationen besteht, sondern in Kraft, die genau das bewirkt, was das Wort sagt. Das entspricht dem Plan des Vaters, dass wir im Himmel von Gott die verwandelnde und erfüllende Kraft des Wortes empfangen, um ihren Segen auf der Erde freizusetzen.

---

[9] Wörtlich heißt es: „Und nicht führe hinein uns in Versuchung/Erprobung/Prüfung, sondern rette uns vom Bösen.“ Für mich lese ich das so, dass wir nicht in die Erprobung bzw. Herausforderung des Bösen hinein- sondern herausgeführt werden sollen (Frank Krause).
Siehe auch nachfolgenden Link, in dem Martin Luther zitiert wird: „Martin Luther, der die Verse aus dem Griechischen übersetzt hat, äußert sich im Kleinen Katechismus dazu, wie er die Bitte versteht. Nämlich so, dass Gott uns davor bewahren soll, dass das Böse uns verführt.“
https://fragen.evangelisch.de/frage/8021/vaterunser-fuhre-uns-nicht-versuchung

Der einzige Wermutstropfen bestand darin, dass um den Thron Gottes her noch viele Plätze für Beter frei waren. Vielleicht motiviert ja diese Vision meine Leserinnen und Leser dazu, sich mehr darauf einzulassen, sich in die himmlische Dimension des Vaterunsers zu begeben und alle seine Segnungen zu empfangen.

Kapitel 7

Besserungsanstalt vs. Trainingscamp

In einer christlichen Veranstaltung kam eine rege Diskussion darüber auf, wie denn folgende Verse aus Hebräer 12,6-7 zu verstehen seien:

> *„Denn wen der Herr liebt, den züchtigt er; er schlägt aber jeden Sohn, den er aufnimmt." Was ihr erduldet, ist zur Züchtigung: Gott behandelt euch als Söhne. Denn ist der ein Sohn, den der Vater nicht züchtigt?*

Oder in der Übersetzung der „Gute Nachricht Bibel":

> *Denn der Herr weist die zurecht, die er liebt, und er straft jeden, den er als seinen Sohn annimmt. Wenn ihr Schweres ertragen müsst, dann erkennt darin die Zurechtweisung Gottes; denkt daran, dass Gott euch als seine Söhne behandelt. Wer hätte je von einem Sohn gehört, der nie bestraft wurde?*

An dieser Diskussion wollte ich mich nicht beteiligen. Da hier von Gott dem Vater und seinen Söhnen (und Töchtern) die Rede ist, nahm ich diesen Bibelvers als Portal, um in den himmlischen Bereich zu gelangen.[1] Mir fielen sofort zwei Möglichkeiten ein, wo ich landen könnte, wenn ich mich auf diesen Bibelvers einlasse. Entweder würde ich mich in einer Besserungsanstalt

---

[1] Siehe hierzu den Anhang B in diesem Buch: Freisetzung deiner geistlichen Wahrnehmung.

oder im Herzen des Vaters wiederfinden. Wenn du dich darauf einlässt und in einer Besserungsanstalt landest, wäre es klug, dein Bild vom himmlischen Vater zu überdenken.[2] Ich kann mir vorstellen, dass es ein religiöses Imitat des Himmels gibt, in dem sich diese Anstalt befindet. Über dieses Imitat müsste gesondert gesprochen werden, wozu hier aber nicht der Platz ist.

Ich jedenfalls befand mich im Geist wieder im Vaterherzen Gottes und saß dem Vater gegenüber.[3] Ich zitierte obigen Vers und bat den Vater um eine Erklärung. Er sah mir tief in die Augen und lächelte dabei: „Betrachte diese Verse als eine besondere Einladung, zu mir in das Trainingscamp für meine Söhne und Töchter zu kommen. Markus, du kennst doch den Lohn der Sünde, oder nicht?“, fragte der Vater mich. Ich erwiderte ihm: „Laut deinem ‚Herstellerhandbuch‘ ist ‚der Lohn der Sünde der Tod‘[4].“ „Korrekt zitiert, Markus. Aber der Vers hat noch einen zweiten Teil.“ Also zitiere ich noch Teil b des Verses: *„Die Gnadengabe Gottes aber ist ewiges Leben in Christus Jesus, unserem Herrn.“*

„Genau“, bestätigte der Vater. „Ich sehe dich immer als ‚in Christus Jesus‘ an. Durch die Einladung in mein Trainingscamp schenke ich dir die Kraft, die Sünde in deinem Leben nachhaltig zu überwinden. Mein Fokus liegt nicht auf der Züchtigung, sondern auf dem Geschenk der Kraft, die Sünde zu überwinden. Dafür muss jedoch die Sünde klar benannt und erkannt werden. Das ist nicht immer angenehm, muss aber sein. In meiner Gegenwart verliert das Wort ‚Züchtigung‘ seinen Schrecken. Meine Zucht sieht anders aus als die der Menschen. Der Apostel Paulus hat dies wie folgt formuliert: *‚Aber in diesem allen sind wir mehr als Überwinder durch den, der uns geliebt hat.‘*[5]

---

[2] Meine Empfehlung hierzu sind die Bücher von Henk Bruggeman, zum Beispiel „Das Herz des Vaters entdecken: Unsere Identität als Söhne und Töchter Gottes empfangen“, GloryWorld-Medien 2018.

[3] Siehe hierzu meine Vision „Auf dem Weg zum Vater“ aus Kapitel 4 in meinem Buch „Komm höher herauf! (Band 1)“, GloryWorld-Medien 2020.

[4] Vgl. Römer 6,23a.

[5] Römer 8,37.

Meine Vaterliebe und die Liebe meines Sohnes ermöglichen es dir, Sünde in deinem Leben zu überwinden, weil sie ihre Macht über dich verliert. Mein Sohn Jesus hat sogar den Tod überwunden. Da du jetzt ‚in Christus' bist, ist die gleiche Auferstehungskraft, die meinen Sohn aus den Toten auferweckt hat, in dir wirksam. In meinem Trainingscamp lernst du, wie du diese Kraft in dir zur Überwindung nutzen kannst. Der Sünde sterben und in der Kraft der Auferstehung leben, sind zwei Seiten der gleichen Medaille.

Ebenfalls hat euch der Apostel Paulus überliefert:

> *Wir tragen allezeit das Sterben Jesu an unserm Leibe, auf dass auch das Leben Jesu an unserm Leibe offenbar werde* (2. Korinther 4,10).

Durch deine Verbindung mit Jesus stirbt der ‚alte Mensch' und der neue wird offenbar – immer klarer und umfassender. Der Heilige Geist steht dir als Tröster bei diesem Prozess zur Seite. Oder anders formuliert: *„Es ist ein wahres Wort: Wenn wir mit Christus gestorben sind, werden wir auch mit ihm leben"* (2. Timotheus 2,11 GNB). Das Kreuz (die Vergebung der Sünden) ist für dich nur ein Durchgang zum Auferstehungsleben ‚in Christus' und kein Haltepunkt, an dem du verharren sollst."

Der Vater fährt fort: „Wir haben uns hier schon darüber unterhalten, was ich vor Grundlegung der Welt in dein Buch des Lebens geschrieben habe.[6] Von meiner Seite aus stehe ich zu dem, was ich in dieses Buch geschrieben habe. Mein Trainingscamp dient dazu, dass du dein volles Potenzial entfalten kannst, um gemäß diesem Buch zu leben. Ich habe dich so geschaffen und mit den dafür notwendigen natürlichen und übernatürlichen Gaben ausgestattet. Nur mit meinem Training kannst du deine Bestimmung gemäß dem Buch des Lebens erfüllen.

Die Sünde in deinem Leben bringt immer den Tod mit sich und hindert dich, auf deinem Weg zur Erfüllung deiner Bestimmung

---

[6] Siehe hierzu meine Vision „Vor Grundlegung der Welt" aus dem Kapitel 4 in meinem ersten Buch.

voranzukommen. Du sollst aber LEBEN. Nicht wie in einer Simulation (Matrix), sondern in der Realität. Ich habe dich als Mensch in meinem Ebenbild geschaffen[7]. Durch die Sünde und den damit einhergehenden Tod war zu Beginn deines Weges mit Jesus von dieser Ebenbildlichkeit nicht mehr viel zu sehen. Dadurch, dass du dich in die himmlische Dimension begibst, wirst du von ihr transformiert. Jede Begegnung mit mir, meinem Sohn bzw. dem Heiligen Geist, verwandelt dich immer mehr zurück in mein Ebenbild, so wie ich dich ursprünglich geschaffen habe.

Und noch einmal Paulus: ‚*Wir alle aber schauen mit aufgedecktem Angesicht die Herrlichkeit des Herrn an und werden so verwandelt in dasselbe Bild von Herrlichkeit zu Herrlichkeit, wie es vom Herrn, dem Geist, geschieht*‘ (2. Korinther 3,18). Der Schleier der Trennung von mir wurde weggenommen, als der Vorhang im Tempel beim Tod meines Sohnes von oben nach unten zerriss (vgl. Matthäus 27,51). Damit ist es dir wieder möglich, die Herrlichkeit Gottes, die dich verwandelt, anzusehen. Daher meine besondere Einladung, in mein Trainingscamp zu kommen“, schloss der Vater seine Erklärungen auf meine Frage nach Hebräer 12,6-7. „Danke, lieber Vater! Ich nehme deine Einladung in dein Trainingscamp gerne an“, verabschiedete ich mich von ihm.

Mir fällt dazu noch Römer 8,38-39 als ewige Wahrheit Gottes ein:

> *Denn ich bin überzeugt, dass weder Tod noch Leben, weder Engel noch Gewalten, weder Gegenwärtiges noch Zukünftiges, noch Mächte, weder Höhe noch Tiefe, noch irgendein anderes Geschöpf uns wird scheiden können von der Liebe Gottes, die in Christus Jesus ist, unserem Herrn.*

[7] Vgl. 1. Mose 1,27.

Kapitel 8

Wer schuf die Hölle?

Als ich mir im Internet die Aufzeichnung einer christlichen Veranstaltung ansah, wurde dort die Frage aus dem Publikum gestellt: „Wer schuf die Hölle?" Der Redner war ehrlich und sagte, er könne diese Frage nicht beantworten. Als ich das hörte, dachte ich bei mir, ich sollte einmal Jesus danach fragen, vielleicht würde ich eine Offenbarung darüber bekommen. Ich hatte schon Berichte von Menschen gelesen[1], denen Gott eine Offenbarung über die Hölle geschenkt hatte. Das waren sehr einschneidende Erlebnisse, die zumeist dazu führten, dass sich diese Menschen bekehrten oder einen vollmächtigen Dienst als Evangelisten begannen. Doch eine Antwort auf die Frage „Wer schuf die Hölle?" fand ich in keinem dieser Zeugnisse.

Also nahm ich die Bibelstelle aus Matthäus 10,28: *„Habt keine Angst vor den Menschen, die zwar den Körper, aber nicht die Seele töten können! Fürchtet vielmehr Gott, der beide, Leib und Seele, dem ewigen Verderben in der Hölle ausliefern kann"*, um Jesus die Frage zu stellen, wer die Hölle schuf. Jesus lud mich als Antwort darauf interessanterweise in eine weitere Vision vom Garten Eden ein. Das hatte ich bei dieser Fragestellung so nicht erwartet.

An Jesu Seite saß ich ziemlich verdutzt auf einer Bank im Garten Eden: „Meine Frage an dich, wer die Hölle schuf, führt

[1] Zum Beispiel habe ich Mary K. Baxter „Eine göttliche Offenbarung der Hölle – Die Zeit geht zu Ende" https://amzn.to/3nrraol gelesen.

mich an diesen Ort mit dir im Garten Eden? Das finde ich sehr ungewöhnlich, Jesus. Ich stelle mir die Hölle als krassen Gegensatz zu diesem friedlichen Ort hier vor. Wobei ich natürlich viel lieber mit dir hier im Garten Eden bin, als eine Vision von der Hölle zu bekommen, selbst wenn du an meiner Seite bist."

Jesus lächelte und schaute mir tief in die Augen. „Hier ist ein entspannterer Ort für dich, um diese Vision zu empfangen, als in der Hölle oder gar im Feuersee. Außerdem ist dies hier ein guter Ausgangspunkt, um dir den Ursprung der Hölle zu erklären", fing Jesus mit seinen Erläuterung an, und fuhr fort: „Das Problem mit der Hölle begann hier im Garten Eden. Im Anfang gab es kein Totenreich[2]. Das war gar nicht notwendig, da Adam und Eva direkte Gemeinschaft mit Gott hatten und unsterblich waren. Hätten die beiden, statt vom Baum der Erkenntnis von Gut und Böse, vom Baum des Lebens gegessen, hätte auch in Ewigkeit keine Notwendigkeit für eine Hölle bzw. ein Totenreich bestanden. Mein einziges Gebot an Adam und Eva lautete: ‚*Von jedem Baum des Gartens darfst du essen; aber vom Baum der Erkenntnis des Guten und Bösen, davon darfst du nicht essen; denn an dem Tag, da du davon isst, musst du sterben!*'[3]

Fatalerweise glaubten die beiden der Schlange (Satan) mehr als mir: ‚*Da sagte die Schlange zur Frau: Keineswegs werdet ihr sterben! Sondern Gott weiß, dass an dem Tag, da ihr davon esst, eure Augen aufgetan werden und ihr sein werdet wie Gott, erkennend Gutes und Böses*' (1. Mose 3,4-5). Leider entschieden sich Adam und Eva, auf die Lüge der Schlange einzugehen, was

---

[2] In der Bibel werden folgende Begriffe unterschieden. Hölle: Der Begriff kommt von Gehenna – Ben Hinnom – Tal Hinnom, wo die Kinder dem Moloch im Feuer geopfert wurden. Totenreich (Hades): ist ein Oberbegriff für die Totenwelt bzw. das Totenreich. Tartarus (spezieller Ort der Aufbewahrung) und Gehenna (Hölle) sowie Feuersee (griech. „limne ho py" – See des Feuers). Luther bringt das leider in seiner Übersetzung ziemlich durcheinander und übersetzt mal dies, mal das mit „Hölle".

[3] 1. Mose 2,16-17. Die Frage nach den beiden Bäumen im Paradies habe ich in meinem ersten Buch „Komm höher herauf!" in Kapitel 4: „Auf dem Weg zum Vater", beschrieben.

zu ihrer Vertreibung aus dem Paradies führte: ,*Und [Gott] trieb den Menschen aus und ließ östlich vom Garten Eden die Cherubim sich lagern und die Flamme des zuckenden Schwertes, den Weg zum Baum des Lebens zu bewachen*' (1. Mose 3,24). Die Cherubim und das flammende Schwert waren nicht nur notwendig, um Adam und Eva an der Rückkehr in den Garten Eden zu hindern, sondern auch, um den gefallenen Engeln den Zutritt zu verwehren. Zu diesen gefallenen Engeln komme ich später noch.

Vor dem Sündenfall gab es keinen Tod; der kam erst als direkte Folge dessen, wovor ich Adam und Eva im Garten Eden gewarnt hatte. Infolge der Trennung von mir und dem Garten Eden begann ein schleichender Prozess des Verfalls. Der Mensch fing an zu sterben. Am Anfang lebten die Menschen im Vergleich zu heute noch sehr lange. Aber ihre DNA war nicht mehr dieselbe, wie am Anfang. Die Folgen der Sünde vererbten sich von Generation zu Generation. Daher spricht man auch von ,Erbsünde'.

,*Adam schlief mit seiner Frau Eva, und sie wurde schwanger. Sie brachte einen Sohn zur Welt und sagte: ›Mit Hilfe des HERRN habe ich einen Mann hervorgebracht.‹ Darum nannte sie ihn Kain. Später bekam sie einen zweiten Sohn, den nannte sie Abel. Abel wurde ein Hirt, Kain ein Bauer*' (1. Mose 4,1-2 GNB). Adam und Eva gaben nicht nur mündlich ihre Erfahrungen mit Gott im Garten Eden an ihre Kinder weiter, sondern auch ihre korrumpierte DNA."

„Ja, das dachte ich mir schon", erwiderte ich Jesus. „Viele Probleme von Christen rühren daher, dass sie ihre Blutlinie nicht durch den Heiligen Geist von den Gräueltaten ihrer Vorfahren reinigen lassen.[4] Denn schon bei Kain und Abel lesen wir vom ersten Mord, dem endlos viele weitere Verbrechen folgen sollten. Sie alle haben Auswirkungen auf die folgenden Generationen. Was sich bis auf den heutigen Tag angesammelt hat, ist unvorstellbar."

---

[4] Wer in das Thema der Reinigung der Blutlinie einsteigen möchte, dem empfehle ich das Buch „Erlösung für deine Blutlinie: Grundlagen für Durchbrüche in den Gerichtssälen des Himmels", Hrvoje Sirovina, HIS Ministries, 2017.

Jesus fuhr fort: „Ja, das stimmt. Du siehst: In den Blutlinien der Menschen werden beide Informationen weitergegeben, die finstere, satanische über den Baum der Erkenntnis von Gut und Böse (die Sünde) und die gute, die göttliche Linie vom Baum des Lebens her, also von mir. Die Informationsweitergabe geht zurück bis auf Adam und Eva. Dieses Prinzip zieht sich wie ein roter Faden durch die gesamte Heilige Schrift. Da Gott den freien Willen eines Menschen respektiert, steht es jedem frei, für welche Seite er sich entscheidet bzw. welchen Weg er gehen will: den der Sünde und des Todes oder den des Lebens.

Doch zurück zu Kain und Abel: ‚*Und es geschah nach einiger Zeit, da brachte Kain von den Früchten des Ackerbodens dem HERRN eine Opfergabe. Und Abel, auch er brachte von den Erstlingen seiner Herde und von ihrem Fett. Und der HERR blickte auf Abel und auf seine Opfergabe; aber auf Kain und auf seine Opfergabe blickte er nicht. Da wurde Kain sehr zornig, und sein Gesicht senkte sich*‘ (1. Mose 4,3-5). Du kannst hier die direkte Auswirkung der Weitergabe des Giftes des Baumes von Gut und Böse an die zweite Generation der Menschen bei Kain erkennen. Auch in Abel war über die Blutlinie diese Information, doch er entschied sich, das Richtige zu tun. Er widerstand der Versuchung zur Sünde.

In meiner Gnade zeigte ich Kain einen Ausweg aus dieser abwärts gerichteten Spirale, die sein Leben mehr und mehr verfinstern und letztendlich zerstören würde: ‚*Der HERR fragte ihn: Warum bist du so zornig? Warum starrst du auf den Boden? Wenn du Gutes im Sinn hast, kannst du den Kopf frei erheben; aber wenn du Böses planst, lauert die Sünde vor der Tür deines Herzens und will dich verschlingen. Du musst Herr sein über sie!*‘ (1. Mose 4,6-7 GNB). Doch statt auf meine Warnung einzugehen, erschlug Kain seinen Bruder. ‚*So ging Kain hinweg von dem Angesicht des HERRN und wohnte im Lande Nod, jenseits von Eden, gegen Osten*‘ (1. Mose 4,16 LUT).

Kain hatte sich mit seinem freien Willen entschieden, vom Angesicht des Herrn wegzugehen. Da Gott diesen Entschluss Kains respektierte, ließ er ihn ziehen. Weil Kain als Folge des

Sündenfalls nun sterblich war, musste der Vater einen Platz schaffen, wo Kain nach seinem Tod von Gott getrennt bis zum endgültigen Gericht aufbewahrt werden konnte. Es war Kains freier Entschluss, sich von Gott abzuwenden. Der Vater schuf also zwei Plätze, du kannst auch Dimensionen dazu sagen, als Aufenthaltsorte für die Menschen nach ihrem Tod. Sie waren durch eine unüberwindliche Barriere getrennt.

Der Unterschied dieser beiden Orte besteht hauptsächlich in der Gegenwart bzw. der Abwesenheit des Angesichts Gottes. Anders gesagt, ein Ort existiert für die Seelen der Gerechten[5], um die Ewigkeit mit Gott zu verbringen, und es existiert ein weiterer Ort, um die Ewigkeit getrennt von Gott zu verbringen. Ich habe diesen Sachverhalt folgendermaßen im Evangelium veranschaulicht: ‚*Es begab sich aber, dass der Arme starb, und er wurde von den Engeln getragen in Abrahams Schoß. Der Reiche aber starb auch und wurde begraben. Als er nun in der Hölle* (wörtlich „Hades" = Totenwelt) *war, hob er seine Augen auf in seiner Qual und sah Abraham von ferne und Lazarus in seinem Schoß*‘ (Lukas 16,22-23 LUT). Ich gab dann im Anschluss eine Beschreibung der Zustände des Ortes, an dem sich der reiche Mann befand: ‚*Und er* [der reiche Mann] *rief und sprach: Vater Abraham, erbarme dich meiner und sende Lazarus, damit er die Spitze seines Fingers ins Wasser tauche und kühle meine Zunge; denn ich leide Pein in dieser Flamme*‘ (Lukas 16,24 LUT)."

Bezüglich dieser Bibelstelle stellte ich Jesus eine weitere Frage: „Nach dieser Beschreibung des reichen Mannes ist die Hölle (als Teilbereich des Hades, des Totenreichs) ein qualvoller Ort mit Flammen rundherum und ohne Wasser. Ich vermute mal, dies war nicht von Anfang an so?" „Du hast richtig vermutet", erwiderte Jesus mir. „Dass dieser Ort zu einem so qualvollen Bereich wurde, liegt daran, dass die Menschen den gefallenen Engeln indirekt Zutritt zu dieser Dimension gewährten. Dazu kam es so:

---

[5] Dieser Ort wird auch „Abrahams Schoß" genannt.

‚Und es geschah, als die Menschen begannen, sich zu vermehren auf der Fläche des Erdbodens, und ihnen Töchter geboren wurden, da sahen die Söhne Gottes die Töchter der Menschen, dass sie gut waren, und sie nahmen sich von ihnen allen zu Frauen, welche sie wollten‘ (1. Mose 6,1-2). Mit den ‚Söhnen Gottes‘ werden hier die gefallenen Engel beschrieben. Der Judasbrief spricht ebenfalls von diesen Engeln: *‚Und Engel, die ihren Herrschaftsbereich nicht bewahrt, sondern ihre eigene Behausung verlassen haben, hat er zum Gericht des großen Tages mit ewigen Fesseln unter Finsternis verwahrt‘* (Judas 6).

Dadurch, dass die gefallenen Engel sich die Frauen genommen hatten, gebaren jene die Riesen[6]: *‚In jenen Tagen waren die Riesen auf der Erde, und auch danach[7], als die Söhne Gottes zu den Töchtern der Menschen eingingen und sie ihnen Kinder gebaren. Das sind die Helden, die in der Vorzeit waren, die berühmten Männer‘* (1. Mose 6,4). Diese Mischung aus Menschen und gefallenen Engeln war derartig böse und widergöttlich, dass dies das Gericht Gottes heraufbeschwor: *‚Und der HERR sah, dass die Bosheit des Menschen auf der Erde groß war und alles Sinnen der Gedanken seines Herzens nur böse den ganzen Tag. Und es reute den HERRN, dass er den Menschen auf der Erde gemacht hatte, und es bekümmerte ihn in sein Herz hinein. Und der HERR sprach: Ich will den Menschen, den ich geschaffen habe, von der Fläche des Erdbodens auslöschen‘* (1. Mose 6,5-7).

Im Buch Henoch[8] ist beschrieben, wie diese Riesen alle Ressourcen der damaligen Welt aufbrauchten. Hätte Gott nicht

---

[6] Auch Nephilim oder Hybridwesen genannt. Die Nephilim (hebräisch נְפִילִים *nephilim* „Riesen“, Mehrzahl von *naphíl*) waren in der altisraelischen Mythologie riesenhafte Mischwesen, gezeugt von göttlichen Wesen und Menschenfrauen. Die Nephilim waren größer und stärker als Menschen und laut der Bibel die berühmten Helden der Vorzeit. – Wikipedia, 4. Mai 2023.

[7] Beachte bitte in dieser Bibelstelle „und auch danach“. Goliat zählte ebenfalls zu den Riesen, dessen Geschichte nach der Sintflut beschrieben wird (1. Samuel 17).

[8] Vergleiche hierzu das apokryphe Buch Henoch, Kapitel 1,9. Es gibt eine von Thaddäus Schneider überarbeitete Version in Deutsch hier als PDF-Dokument: https://evangelienharmonie.jimdofree.com. Dazu auf dieser Webseite nach unten scrollen und auf „Das äthiopische Buch Henoch“ klicken.

eingegriffen, wären alle Menschen komplett ausgestorben und die Welt wieder wüst und leer geworden, wie am Anfang. Durch die Sintflut starben nicht nur alle Menschen außer Noah und seiner Familie, sondern auch die Riesen. Da sie Mischwesen waren, halb Mensch und halb gefallene Engel, gelangten dadurch auch die gefallenen Engel an den Ort, an dem Menschen nach ihrem Tod die Ewigkeit getrennt von Gott verbringen.

Diese gefallenen Engel hassten, genau wie Satan, die Menschen. Sie machten den Teil der Totenwelt, der ohne die Gegenwart Gottes auskommen musste, buchstäblich zur Hölle. Füge jetzt noch ein Zitat aus dem Judasbrief zu deinen Notizen hinzu", forderte Jesus mich auf: „*‚Es hat aber auch Henoch, der Siebente von Adam an, von ihnen geweissagt und gesagt: Siehe, der Herr ist gekommen mit seinen heiligen Myriaden, Gericht auszuüben gegen alle und alle Gottlosen zu überführen von allen ihren Werken der Gottlosigkeit, die sie gottlos verübt haben, und von all den harten Worten, die gottlose Sünder gegen ihn geredet haben‘* (Judas 6,14-15)."

Jesus fuhr fort: „Als diese Hybridwesen (Riesen), halb Mensch, halb gefallener Engel, in der Sintflut starben, bekamen die gefallenen Engel über den gestorbenen menschlichen Anteil auch Zugang zum Teilbereich des Hades (ohne dem Zugang zum Angesicht Gottes) und verwandelten diesen Teil in die Hölle. In den anderen Teil mit der Gegenwart Gottes, konnten sie wegen der Heiligkeit Gottes und der Barriere dazwischen nicht vordringen. *‚Denn Gott hat selbst die Engel, die gesündigt haben, nicht verschont, sondern hat sie mit Ketten der Finsternis in die Hölle*[9] *gestoßen und übergeben, damit sie zum Gericht aufbewahrt werden‘* (2. Petrus 2,4 LUT). Auf diese Weise sind auch die gefallenen Engel in der Hölle gelandet und werden zum Gericht aufbewahrt.

Johannes sah auf der Insel Patmos Folgendes: *‚Und als ich ihn* [Jesus] *sah, fiel ich zu seinen Füßen wie tot. Und er legte seine Rechte auf mich und sprach: Fürchte dich nicht! Ich bin*

9 „Griech. ‚tartaros‘ – Bezeichnung für den Strafort der abgeschiedenen Gottlosen" (Erläuterung der ELB zu 2. Petrus 2,4).

der Erste und der Letzte und der Lebendige, und ich war tot, und siehe, ich bin lebendig von Ewigkeit zu Ewigkeit und habe die Schlüssel des Todes und des Hades‘ (Offenbarung 1,17-18). Dass ich die Schlüssel habe, bedeutet, dass ich alle Macht auch über den Tod und den Hades (Totenwelt) mitsamt der Hölle habe.

Als ich am Kreuz hing, habe ich das klar gesagt: ‚*Und er* [einer der Übeltäter, der mit Jesus gekreuzigt wurde] *sprach: Jesus, gedenke meiner, wenn du in dein Reich kommst! Und er sprach zu ihm: Wahrlich, ich sage dir: Heute wirst du mit mir im Paradies sein*[10]‘ (Lukas 23,42-43). Jeder Mensch ist in seiner Entscheidung frei zu wählen, wo er die Ewigkeit verbringen will.[11] Nur wird es den meisten nicht gesagt“, beendete Jesus seine Erklärungen, wie die Hölle entstand.

Zu dem Thema Himmel und Hölle sowie den verschiedenen „Abteilungen“ im Totenreich gäbe es sehr viel zu klären. Das möchte ich in diesem Buch jedoch nicht vertiefen, es ist auch nicht Teil meiner Frage an Jesus und der daraus resultierenden Vision.

---

[10] Laut einer Offenbarung, die ich von Jesus geschenkt bekommen habe, ist das Paradies vor der Sintflut in den Himmel aufgestiegen (sozusagen hat das Paradies die Dimension gewechselt). Nachdem Jesus alles vollbracht hatte, war der Zugang zum Paradies in der himmlischen Dimension wieder möglich.

[11] Siehe Anhang A: Von der Finsternis zum Licht.

Kapitel 9

Die Halle der Nationen

Und die Söhne Israel sollen sich lagern – jeder an seinem Lagerplatz und jeder bei seinem Feldzeichen [Fahne] – nach ihren Heeresverbänden (4. Mose 1,52).

Diesmal befand ich mich in einer Vision mit Jesus im Berg Zion. Er sagte zu mir: „Heute werde ich dir eine weitere wichtige Halle im Berg Zion zeigen. Die *Halle der Gerechtigkeit* mit den Zugängen zu den himmlischen Gerichtshöfen habe ich dir in einer früheren Vision schon gezeigt.[1] Doch im Berg Zion gibt es auch noch andere Hallen. Folge mir heute zu der *Halle der Nationen*, Markus. Ich werde dir auch aufzeigen, wie diese Halle mit der Halle der Gerechtigkeit verbunden ist, die du schon kennst."

Plötzlich befand ich mich mit Jesus zusammen in einer sehr großen Halle. Wie genau ich dort hingekommen bin, ist mir nicht klar. Jedenfalls nicht, wie normalerweise üblich, durch einen Eingang oder ein Tor.

„Schaue dich genau um in dieser Halle. Was kannst du erkennen?", fragte mich Jesus. Auf den ersten Blick fiel mir auf, dass die Halle von Licht durchflutet war, obwohl ich keine Fenster oder Oberlichter erkennen konnte. Ich bemerkte, dass, wie bei früheren Visionen im Berg Zion auch schon, hier alle Wände sowie die Decke leuchteten.

---

[1] Beschrieben in meinem Buch „Komm höher herauf" im Kapitel 2 – Die Halle der Gerechtigkeit.

Die Halle selbst war sehr groß und quadratisch aufgebaut. An jeder Seite konnte ich circa fünfzig Fahnen erkennen. Da ich ein paar davon identifizieren konnte, vermutete ich, dass dies die Fahnen der Nationen sind. Jesus, der meine Gedanken lesen konnte, erwiderte mir: „Das sind die Fahnen der Nationen. Jede Fahne hier repräsentiert eine derzeit existierende Nation auf der Erde. Daher heißt dieser Raum im Berg Zion die *Halle der Nationen*. Wir gehen jetzt näher an eine der Seiten heran, damit du mehr erkennen kannst. Was kannst du jetzt sehen?"

Vor jeder Fahne befand sich eine Vitrine aus so etwas wie Glas. Dieses Glas war nicht mit dem irdischen vergleichbar, da es aus sich heraus leuchtete, ohne dass irgendwo eine Leuchtquelle dafür zu erkennen war. Die Vitrine war in mehrere Ebenen unterteilt. Dort lagen verschiedenste Gegenstände. Oben auf der Vitrine lag jeweils ein dickes Buch mit einem prachtvollen Einband, auf dem der Name der Nation stand. Soweit ich erkennen konnte, waren die meisten Bücher geschlossen. Es gab jedoch ein paar Bücher, weiter weg von meinem Standort, die aufgeschlagen waren. Ich konnte das daran erkennen, dass von so einem aufgeschlagenen Buch ein helles Licht nach oben auf die Fahne strahlte.

„Darf ich erfahren, was es mit dem Buch und den Gegenständen in der Vitrine unter der Fahne auf sich hat?", fragte ich Jesus. „Ja, deswegen bist du hier", erwiderte er mir. „Die Gegenstände sind Artefakte[2], die von Gott für eine Nation geschaffen wurden. Das Buch auf der Vitrine ist das Buch der Bestimmung für die jeweilige Nation. Die geschlossenen Bücher bedeuten, dass sich kaum einer aus meiner Ecclesia, meiner Gemeinde, für die Bestimmung der Nation interessiert, in der er bzw. sie lebt. Ein paar der Bücher sind jedoch offen." Jesus deutete jetzt mit einer Geste seiner Hand auf ein Buch, das geschlossen war.

„Pass auf, Markus, was jetzt passiert", forderte mich Jesus auf. Ich konzentrierte mich und konnte nun zwei Menschen, begleitet von einem Engel, erkennen, wie sie auf ein Buch unter einer

---

[2] Mit „Artefakten" sind hier Dinge, Gaben, Fähigkeiten und Wesensmerkmale gemeint, die typisch für eine Nation angesehen werden und ihr Identität geben.

Fahne zugingen. Interessanterweise sah die Kleidung der beiden Menschen so aus, als wäre sie aus der Fahne angefertigt worden. Der Engel, der mit ihnen ging, leuchtete ebenfalls in den Farben der Fahne, nur intensiver. Als die drei vor der Fahne standen und ihren Blick auf das Buch richteten, öffnete sich das Buch wie von unsichtbarer Hand und es waren darin reichhaltig verzierte Inschriften zu erkennen. Die Buchstaben leuchteten ebenfalls, genauso wie der Untergrund, auf dem sie geschrieben waren.

Jesus erklärte mir diese Szene, die ich gerade beobachtete, folgendermaßen: „Der Heilige Geist hat gerade dieses Buch geöffnet, besser gesagt aktiviert. Deshalb leuchten die Buchstaben. Du siehst hier jeweils einen Vertreter der Apostel und einen Vertreter der Propheten aus dem Land, welches die Fahne repräsentiert. Würden sich die beiden zur Fahne deines Heimatlandes begeben, wäre der sie begleitende Engel der „Engel von Deutschland“, den du schon getroffen hast. Sie können deswegen in diese Halle kommen, weil sie sich zusammen mit weiteren Betern aus meiner Gemeinde auf die Bestimmungen von Gott für ihr Heimatland eingelassen haben. Auch gibt es Fähnriche[3] der jeweiligen Nation, die ebenfalls Zugang zu dieser Halle haben. Sie können hier richtungsweisende Offenbarungen aus dem Buch der Bestimmung für ihre Nation bekommen.

Der Engel der jeweiligen Nation begleitet sie, damit sie die Offenbarungen des Heiligen Geistes über die Bestimmungen ihrer Nation erhalten. Dann geht es auch um die Gerichte Gottes, da derzeit kaum eine Nation den Willen Gottes umsetzt, den er vor Grundlegung der Welt in dem Buch des Lebens für die jeweilige Nation aufgeschrieben hat. Die Gerichte Gottes sind dazu da, die Nationen von dem falschen Weg, den sie gehen, auf den Weg Gottes zurückzubringen. Dies müssen die Apostel und Propheten in der irdischen Dimension gemäß den Offenbarungen, die sie hier bekommen, verkündigen. Viele Nationen haben Gräueltaten begangen, auch diese müssen gerichtet werden (vgl. 2. Chronik 28,3).

---

[3] Fähnrich ist die historische Bezeichnung für den Träger der Truppenfahne. – Wikipedia, 01.08.2023.

Nach einem Prozess der Reinigung und Wiederherstellung bekommen sie genauere Offenbarungen über die Bestimmung ihrer Nation. Diese kann erst nach dem Gericht Gottes über diese Nation freigesetzt werden. Ansonsten würde das Heilige, das Gott dieser Nation schenken möchte, wieder von den Mächten der Finsternis verdorben werden. Viele der Artefakte, die du hier siehst, sind von den Mächten der Finsternis mit der Hilfe von ihnen hörigen Menschen verdorben worden. Der Engel des jeweiligen Landes zeigt den Fürbittern unter anderem, wie die Artefakte durch stellvertretende Buße und Umkehr gereinigt werden können, um sie wieder ihrer eigentlichen Bestimmung zuzuführen."

Fasziniert entgegnete ich Jesus: „Was sind das für Artefakte und wodurch konnten sie verdorben werden?" „Die Artefakte stehen für spezielle Geschenke Gottes an eine Nation. Das bekannteste Geschenk ist die Thora, die Gott seinem Volk Israel gegeben hat. Du kannst jedoch das Wort Gottes entweder benutzen, um einem Mensch oder einer Nation den Weg zu mir und damit zum Vater aufzuzeigen,[4] oder du kannst das Wort zerstörerisch gegen sie einsetzen.[5] Artefakte können auch für Kunst und Kultur stehen, die der Heilige Geist inspiriert hat, oder für Erfindungen, die Gott einer Nation geschenkt hat. Jede Nation empfängt Artefakte von Gott, die ihr entsprechen und sie auszeichnen. Wie immer können Erfindungen zum Wohle des Menschen oder zu seinem Verderben eingesetzt werden.

Doch wieder zurück zum Buch der Bestimmung einer Nation. Nach wie vor gilt: ‚*Ihr seid aufgebaut auf der Grundlage der Apostel und Propheten, wobei Christus Jesus selbst der Eckstein ist*' (Epheser 2,20), auch wenn viele geistliche Leiter denken, sie könnten die Gemeinde auf einer anderen Grundlage bauen, als Gott es bestimmt hat, z. B. auf die Pastoren. Diese Zielverfehlung muss ebenfalls gerichtet werden. Johannes der Täufer hat über mich prophezeit: ‚*Seine Worfschaufel ist in seiner*

[4] *Ich bin der Weg und die Wahrheit und das Leben. Niemand kommt zum Vater als nur durch mich* (Johannes 14,6).

[5] *Denn der Buchstabe tötet, der Geist aber macht lebendig* (2. Korinther 3,6b).

Hand, seine Tenne zu reinigen und den Weizen in seine Scheune zu sammeln; die Spreu aber wird er verbrennen mit unauslöschlichem Feuer' (Lukas 3,17). Dazu gehört noch Matthäus 13, 40-43 (GNB): *,Wie das Unkraut vom Weizen getrennt und verbrannt wird, so wird es auch am Ende der Welt sein: Der Menschensohn wird seine Engel schicken, damit sie alle aus seinem Reich aussondern, die andere zur Sünde verführt und sich gegen Gottes Gebote aufgelehnt haben. Die Engel werden sie in den brennenden Ofen werfen, wo es nur noch Heulen und ohnmächtiges Jammern gibt. Dann werden alle, die nach Gottes Willen gelebt haben, im Reich ihres Vaters leuchten wie die Sonne. Wer Ohren hat, der soll auf meine Worte hören!'*

Dieses von Johannes dem Täufer prophezeite unauslöschliche Feuer aktiviert Legionen von Exekutivengeln des himmlischen Gerichtshofes, die dazu von mir ausgesandt werden, um die Spreu vom Weizen zu trennen (gemäß Lukas 3,17). Mit diesen Engeln müssen die Apostel und Propheten zusammenarbeiten, damit über die Gerichte Gottes eine Nation inklusive des Landes, auf dem die Nation lebt, gereinigt werden. Dies gilt nicht nur für die Nationen als Ganzes, sondern auch für Regionen bis zu den einzelnen Städten innerhalb der Länder. Auf jeder Ebene muss die Erde mit dem Himmel in Einklang gebracht werden.

Auch die Mächte der Finsternis müssen dem Befehl Gottes Folge leisten. Wer von den Fürbittern einer Nation sich demütigt, gerade auch stellvertretend für die Gräueltaten seiner Nation, auf den werden mein Feuer und die Autorität Gottes kommen, sodass der Heilige Geist durch ihn die Menschen, auch Städte und Regionen bis hinauf zum ganzen Land der Sünde überführen kann, sodass sie sich bekehren und sich das Königreich Gottes dadurch auf Erden ausbreitet.

Tun dies die Apostel und Propheten zusammen mit den Fürbittern, dann umgibt sie dieses unauslöschliche Feuer. Wenn ich sie aussende, brauchen sie nicht viel zu sagen. Es wird so sein wie in den Tagen Jonas, als er über Ninive sprach: *,Noch vierzig Tage und Ninive ist zerstört!'* (Jona 3,4b). Genau wie damals ist es Gottes Absicht, dass die Menschen (und ihre Städte, Regionen und Länder) Buße tun und von ihren verkehrten Wegen umkehren, damit seine Engel das finale Gericht Gottes nicht vollstrecken müssen. Oder wie es Jona so treffend formulierte: *‚Denn ich wusste, dass du ein gnädiger und barmherziger Gott bist, langsam zum Zorn und groß an Güte, und einer, der sich das Unheil gereuen lässt‘* (Jona 4,2b).

Damit kann sich 1. Chronik 16,31 erfüllen: *‚Es freue sich der Himmel, und es jauchze die Erde! Und man sage unter den Nationen: Der HERR ist König!‘*“

Die verlorenen Fahnen

Mittlerweile hatte mir Jesus die Augen (des Herzens) für die Halle der Nationen weiter geöffnet, sodass ich dort noch mehr sehen konnte. Vereinzelt kamen weitere Apostel und Propheten mit ihrem Begleitengel der jeweiligen Nation und begaben sich unter die Fahne ihrer Nation, um Offenbarungen aus dem Buch Gottes über die Bestimmung ihrer Nation zu bekommen. Erst jetzt konnte ich zwei sich gegenüberliegende Treppen in der Mitte der Halle erkennen, die offensichtlich einen Stock nach unten führten.

„Was sind das für Treppen, die ich jetzt erkennen kann, und wohin führen sie“, fragte ich Jesus, der die ganze Zeit neben mir stand. „Komm mit, wir gehen über eine der Treppen einen Stock tiefer. Dort befinden sich zwei weitere Hallen, noch größer als diese Halle der Nationen im Berg Zion“, antwortete Jesus mir auf meine Frage. Wir machten uns auf den Weg und stiegen eine der beiden großen Treppen hinunter. Ich wunderte mich, dass ich diese beiden Treppen nicht gleich bemerkt hatte. Wie ich schon öfters erleben durfte, lässt mich Jesus erst dann mehr sehen, wenn ich mich darauf einlasse und ihn weiter frage.

Wir betraten eine der beiden unteren Hallen, die tatsächlich noch größere Ausmaße hatten als die Halle der Nationen darüber. Diese Halle war weniger lichtdurchflutet als die Halle über uns. Hier fiel es mir schwerer, den ganzen Raum zu überblicken.

Fragend wandte ich mich an Jesus: „Kann ich mehr über diesen Ort unterhalb der Halle der Nationen erfahren?"

Jesus bedeutete mir mit einer Geste, meinen Blick zurück auf die Treppe zu richten, die in dieses „Untergeschoss" führte. Nach einem Moment kamen drei Engel die Treppe hinunter. So, wie diese Engel sich bewegten, erinnerte mich das an eine feierliche Parade. Der erste Engel trug die Fahne einer Nation, wobei er dabei weniger intensiv in den Landesfarben leuchtete, als ich dies in der Halle der Nationen einen Stock höher beobachtet hatte. Der zweite Engel trug feierlich das Buch der Bestimmung dieser Nation und der letzte Engel die Glasvitrine mit den Artefakten. Die drei Engel begaben sich an einen freien Platz an der Wand und stellten dort alles so auf, wie es vorher einen Stock höher gestanden hatte.

Was mir sofort auffiel war, dass hier viel mehr Fahnen mit den Vitrinen und den Artefakten standen als in der Halle der Nationen. Auch gab es nicht nur eine Reihe mit den Fahnen an der Wand, sondern es waren weitere Reihen davor angeordnet. Manche Fahnen waren auch so platziert, als ob sie zusammengehören würden. Jesus blickte mir tief in die Augen und sagte: „Was du gerade gesehen hast, ist eine Nation, die untergegangen ist. Sie hat – als Volk – die Chance verpasst, in ihre göttliche Bestimmung zu kommen. Das kann etwa dadurch geschehen sein, dass sie von einer anderen Nation eingenommen wurde oder durch Naturkatastrophen verschwunden ist. Das heißt nicht zwangsläufig, dass die Menschen dieser Nation alle umgekommen sind. Es ist möglich, dass die Menschen geflohen sind und sich in andere Nationen integriert haben."

Erschrocken erwiderte ich: „Wie schade, dass diese Nation ihre von Gott gegebene Bestimmung nicht erfüllen konnte! Ist damit denn alles von dieser Nation verloren?" „Nein", sagte Jesus, „dies ist die Halle der ‚verlorenen' Fahnen der Nationen, die untergegangen sind. Die Halle, die über die zweite Treppe erreichbar ist, ist ein Archiv für die anderen Fahnen, deren Nationen bzw. Sippen ihre von Gott gegebene Bestimmung wenigstens zu einem Teil erfüllt haben. Ich werden dir in einer weiteren

Vision später noch mehr über die Halle mit den archivierten Fahnen offenbaren.

Doch zurück zu der Halle mit den verlorenen Fahnen. Dort drüben siehst du die Fahne der Chaldäer, daneben die Fahne der Meder und Perser. Da sie als Nationen nicht von ihren bösen Wegen umgekehrt sind, sind sie von der Erdoberfläche verschwunden. Archäologen können Spuren dieser Nationen (Kulturen) entdecken und ausgraben. Doch die Interpretation der gefundenen Artefakte ist ohne mich oft eine reine Spekulation.

Wenn jedoch Beter hierherkommen, die diese historischen Informationen wirklich interessieren, können sie Offenbarungen vom Heiligen Geist aus dem Buch dieser Nation bzw. Kultur erhalten. Womöglich auch über die mit der Nation untergegangenen Artefakte, wo diese zu finden sind und wie diese wieder reaktiviert werden können. Es gab auf der Erde schon viele Hochkulturen, die verschwunden sind. Von denen könntet ihr einiges Gutes lernen, wenn ihr mich nur fragen würdet. Diese Halle der verlorenen Fahnen ist auch eine Halle der Erinnerung. Sie ist mit den entsprechenden Archiven des Himmels verbunden. Hier in der Halle der verlorenen Fahnen findest du die Bestimmung einer Nation, im Archiv des Himmels dazu ihre ganze Geschichte. Alles Geschehene ist im Himmel archiviert zur ewigen Erinnerung.[6] Aber auch das Gericht vor dem weißen Thron[7] Gottes bzw. dem Richterstuhl Christi[8] hat darauf Zugriff. Darin siehst du eine weitere Verbindung zum himmlischen Gerichtshof.

---

[6] Die Archivierung im Himmel wird in Maleachi 3,16 angedeutet: *„Da redeten die miteinander, die den HERRN fürchteten, und der HERR merkte auf und hörte. Und ein Buch der Erinnerung wurde vor ihm geschrieben für die, die den HERRN fürchten und seinen Namen achten."*

[7] *Und ich sah einen großen weißen Thron und den, der darauf saß, vor dessen Angesicht die Erde entfloh und der Himmel, und keine Stätte wurde für sie gefunden. Und ich sah die Toten, die Großen und die Kleinen, vor dem Thron stehen, und Bücher wurden geöffnet; und ein anderes Buch wurde geöffnet, welches das des Lebens ist. Und die Toten wurden gerichtet nach dem, was in den Büchern geschrieben war, nach ihren Werken* (Offenbarung 20,12).

[8] *Denn wir müssen alle offenbar werden vor dem Richterstuhl Christi, auf dass ein jeder empfange nach dem, was er getan hat im Leib, es sei gut oder böse* (2. Korinther 5,10).

Ich werde dir den Untergang einer Nation am Beispiel von den Chaldäern erklären. In 2. Könige 24,2 steht: *‚Und der HERR sandte gegen ihn* [den König Jojakim, der sich gegen Gott gewandt hatte] *Streifscharen der Chaldäer und Streifscharen Arams und Streifscharen Moabs und Streifscharen der Söhne Ammon. Er sandte sie gegen Juda, um es zugrunde zu richten nach dem Wort des HERRN, das er durch seine Knechte, die Propheten, geredet hatte.‘*

So brachte ich das von meinen Propheten mehrmals angekündigte Gericht durch die Chaldäer über den Stamm Juda, weil sie von mir, dem lebendigen Gott, abgefallen waren. Doch die Chaldäer sind in ihrem Blutrausch weit über das gerechte Gericht Gottes hinausgegangen. So haben sie sich wiederum selbst unter das Gericht Gottes gebracht.

> *‚Und es wird geschehen, wenn siebzig Jahre voll sind, suche ich am König von Babel und an diesem Volk ihre Schuld heim, spricht der HERR, und am Land der Chaldäer; und ich mache es zu ewigen Einöden‘* (Jeremia 25,12).

> *‚Der HERR sagt: Ich lasse die Meder auf sie los, die sich nicht mit Silber bestechen und nicht mit Gold umstimmen lassen. Babylon, das Juwel der Königreiche, das Schmuckstück der stolzen Chaldäer, wird dasselbe Schicksal erleiden wie die Städte Sodom und Gomorra, die Gott vernichtet hat‘* (Jesaja 13,17.19 GNB).

So ging die Nation der Chaldäer unter und drei Engel brachten die Fahne der Chaldäer, ihr Buch der Bestimmung und alle ihre Artefakte hier in diese Halle. Das Gericht über die Chaldäer und ihre Hauptstadt Babylon hat natürlich noch eine weitere prophetische Bedeutung bzw. Erfüllung bezüglich des Gerichts über Babylon, beschrieben in Offenbarung 18.

Der gerade erwähnte Stamm Juda ist deswegen nicht komplett untergegangen, weil ich als Mensch aus diesem Stamm heraus geboren wurde. Gott hält immer seinen Teil des Bundes ein, auch wenn ihm die menschliche Seite untreu geworden ist, wie es der Apostel Paulus so schön formuliert hat: ‚*Wenn wir untreu sind – er bleibt treu, denn er kann sich selbst nicht verleugnen* (2. Timotheus 2,13).

Du bekommst von mir noch weitere Offenbarungen über die Hallen mit den Fahnen, doch dazu begeben wir uns wieder einen Stock höher“, schloss Jesus seine Erklärungen über die Halle der verlorenen Fahnen ab.

Die Fahnen der zwölf Stämme Israels

Als wir wieder auf der Etage der Halle der Nationen angekommen waren, machte Jesus eine Handbewegung. Sofort entstand eine Bewegung an der Decke der Halle und eine große Wendeltreppe kam langsam mit einer Drehbewegung herunter. Die Treppe schraubte sich solange herab, bis sie den Boden der Halle erreicht hatte. Dann hörte die Rotationsbewegung auf und es sah aus, als würde der Boden sich ohne Übergang an die Wendeltreppe anschließen. Nichts deutete mehr darauf hin, dass die Wendeltreppe sich gerade von der oberen Etage heruntergedreht hatte.

„Faszinierend“, bemerkte ich zu Jesus. „Diese Halle der Nationen birgt offensichtlich noch viel mehr Geheimnisse in sich und erstreckt sich weiter in den Berg Zion hinein, als ich zuerst dachte.“ Jesus lächelte mich an und erwiderte: „Allerdings! Es gibt es hier noch einiges zu entdecken, und nicht nur für Apostel und Propheten. Wäre ich mit dir zu jeder einzelnen Fahne gegangen, hättest du sicher bemerkt, dass die Fahne Israels (die mit dem Davidstern) fehlt. Wie du dir denken kannst, nimmt die jüdische Nation eine Sonderstellung unter den Nationen ein.

Dem Propheten Jesaja habe ich dies folgendermaßen geoffenbart: *‚Du aber, Israel, mein Knecht, Jakob, den ich erwählt habe, Nachkomme Abrahams, meines Freundes, du, den ich ergriffen von den Enden der Erde und von ihren fernsten Gegenden her gerufen habe, zu dem ich sprach: Mein Knecht bist du, ich habe dich erwählt und nicht verworfen – fürchte dich nicht, denn ich bin mit dir! Habe keine Angst, denn ich bin dein Gott!*

Ich stärke dich, ja, ich helfe dir, ja, ich halte dich mit der Rechten meiner Gerechtigkeit' (Jesaja 41,8-10).

Nun folge mir über diese Wendeltreppe in die obere Halle der zwölf Stämme Israels", forderte Jesus mich auf. Mittlerweile kamen zwölf weitere, sehr majestätisch aussehende Engel herbei und begleiteten uns auf dem Weg nach oben in die Halle mit den Fahnen der zwölf Stämme Israels. Im Gegensatz zur Halle der Nationen waren hier alle vier Wände mit Reliefs überzogen. Soweit ich das erkennen konnte, stellten diese Reliefs wichtige Ereignisse des Volkes Israels dar, wie zum Beispiel Gottes Gericht über die ägyptischen Götter und den Auszug des Volkes Israel aus Ägypten (vgl. 4. Mose 33,3-4).

In dem quadratischen Raum befanden sich je drei Fahnen vor jeder Wand. Von diesen insgesamt zwölf Fahnen nahm ich an, dass sie die historischen Fahnen der zwölf Stämme Israels darstellten. Wiederum stand vor jeder Fahne eine „Glasvitrine" mit Artefakten darin, so wie in der Halle der Nationen. Jedoch lag nur *ein* Buch der Bestimmung vor *einer* prächtigen Fahne, die sich bei näherer Betrachtung als Doppelfahne herausstellte. Zuerst hatte ich sie als eine einzelne Fahne wahrgenommen, weil die beiden Fahnen sehr dicht beieinanderstanden.

Fragend wandte ich mich an Jesus: „Kannst du mir näher die Bedeutung dieses Raumes mit den zwölf Fahnen plus einer erklären?" „Gerne", erwiderte mir Jesus. „Wie du richtig vermutet hast, sind dies die Fahnen der zwölf Stämme Israels. Diese Fahnen sind mehr als nur historische Fahnen. Es sind die Original-Fahnen der zwölf Stämme, so wie sich die Original-Bundeslade an anderer Stelle im inneren Heiligtum des Berges Zion befindet. Diese Fahnen hat mein Vater selbst angefertigt, indem er den Gedanken an sie aussprach, und sofort, wie bei der Schöpfung von Himmel und Erde, kamen sie in Existenz.

Die zwölf Stämme Israels fertigten sich Kopien der Originale an, ähnlich wie sie die Stiftshütte als Replikat des Originals im Himmel anfertigten. Je nach Übersetzung werden diese Fahnen auch als Banner oder Feldzeichen bezeichnet: *‚Und die Söhne Israel sollen sich lagern – jeder an seinem Lagerplatz und jeder* *bei seinem Feldzeichen – nach ihren Heeresverbänden‘* (4. Mose 1,52). Die Anordnung der Fahnen hier entspricht der Anordnung, wie sich die zwölf Stämme Israels damals um die Stiftshütte herum lagerten (vgl. 4. Mose 2).

Nach dem erfolgreichen Kampf gegen die Amalekiter baute Mose einen Altar und gab ihm den Namen: *‚Der Herr ist mein Feldzeichen‘* (2. Mose 17,15).[9] Bei meinem Volk Israel haben diese Fahnen oder Banner eine wichtige Bedeutung für den Kampf gegen ihre Widersacher. Solange sich mein Volk, sowohl Israel im Alten Testament als auch meine Gemeinde (Neues Testament), unter meinem Banner sammelt, kann ich ihnen Offenbarungen geben, wie sie siegreich aus dem Konflikt hervorgehen und wie ich selbst für sie streite. *‚Ein Mann von euch jagt tausend. Denn der HERR, euer Gott, er ist es, der für euch kämpft, wie er zu euch geredet hat‘* (Josua 23,10).

Die zusätzliche Fahne ist mir gewidmet. Da meine menschliche Seite über David aus dem Stamm Juda hervorgegangen ist, ist meine Fahne mit der Fahne des Stammes Juda verbunden. Deswegen stehen diese beiden Fahnen eng beieinander[10]. Tritt einmal näher an meine Fahne heran und betrachte sie genau“, forderte Jesus mich mit einer Handbewegung auf. Ich ging zu der Fahne, sodass ich genauer sehen konnte, was darauf abgebildet war. Alle dreizehn Fahnen hier in diesem Obergeschoss bewegten sich, so als würde dort ein Wind wehen, den ich aber nicht spürte, sondern nur sah. Zu meiner Überraschung veränderten sich die Bilder auf der Fahne. Wenn ich die Position, von der aus ich die Fahne betrachtete, auch nur ein wenig veränderte, änderte sich das Bild auf der Fahne, sodass es mir Mühe machte, die einzelnen Bilder voneinander zu unterscheiden.

Zwei Bilder der Fahne stachen jedoch aus den anderen Abbildungen heraus. Ich konnte einen Löwen und ein Lamm erkennen. Fragend wandte ich mich an Jesus: „Wieso ändert sich deine Fahne andauernd, wenn ich die Blickrichtung darauf nur

---

[9] Anmerkung: Die Schlachter-Bibel übersetzt hier das Wort „Feldzeichen“ mit „Kriegsbanner“ (vgl. auch Jesaja 18,3, Jesaja 49,22 und Psalm 60,6).

[10] Siehe den Stammbaum von Jesus in Matthäus 1,1-17 und Lukas 3,23-38.

ein bisschen verändere? Es fällt mir schwer, dabei einzelne Bilder deiner Fahne zu fixieren." Jesus lächelte mich an und antwortete mir: „Das hängt mit meinen vielen Namen zusammen, die der Heilige Geist in der Bibel über mich geoffenbart hat. Je nachdem offenbare ich mich meinen Nachfolgern zum Beispiel als Erlöser, als Friedefürst, als Weisheit usw. Entsprechend verändert sich die Fahne für den Betrachter.

Die beiden wichtigsten Feldzeichen stellen mich als den „Löwen von Juda" dar[11] und als „das Lamm Gottes"[12]. Als auferstandener und verherrlichter Sohn Gottes kann ich beides gleichzeitig sein. Verstehst du jetzt, warum es keinen Sinn für euch als Menschen macht, mich oder meinen Vater in einem Bildnis darzustellen (vgl. 2. Mose 20,4)? Ich bin die Erfüllung zahlloser Verheißungen Gottes, wie ihr sie in der Bibel findet. Jede dieser Erfüllungen gibt mir einen weiteren Namen und damit ein weiteres Abbild auf der Fahne."

„Ja klar", entfuhr es mir, „wie soll das funktionieren, dich gleichzeitig als Löwe und als Lamm inklusive der vielen weiteren Erfüllungen von Verheißungen, die du parallel dazu auch noch bist, darzustellen? Allein es zu versuchen ist schon eine Torheit. Ich habe ja schon Probleme, die einzelnen Bilder auf deiner Fahne zu unterscheiden. Wenn ich ehrlich bin, übersteigt das, was du mir hier gerade zeigst, bei Weitem, was ich derzeit verstehen kann."

Jesus lächelte mich verständnisvoll an und entgegnete mir: „Du hast richtig erkannt, dass du ohne Offenbarungen von mir, meinem Vater bzw. dem Heiligen Geist die himmlische Dimension nicht erfassen kannst.[13]

---

[11] *Und einer von den Ältesten spricht zu mir: Weine nicht! Siehe, es hat überwunden der Löwe aus dem Stamm Juda, die Wurzel Davids, um das Buch und seine sieben Siegel zu öffnen* (Offenbarung 5,5).

[12] *Am folgenden Tag sieht er Jesus zu sich kommen und spricht: Siehe, das Lamm Gottes, das die Sünde der Welt wegnimmt* (Johannes 1,29).

[13] Siehe hierzu 1. Korinther 2,14 (LUT): *„Der natürliche Mensch aber nimmt nicht an, was vom Geist Gottes ist; es ist ihm eine Torheit und er kann es nicht erkennen; denn es muss geistlich beurteilt werden."* Oder in der Übersetzung der Gute Nachricht Bibel: *„Menschen, die sich auf ihre natürlichen Fähigkeiten*

Die Offenbarungen des Heiligen Geistes sind der Schlüssel zum Verständnis des Reiches Gottes und der himmlischen Dimensionen: ‚*Aber ihr habt den Heiligen Geist von Gott empfangen, und er lebt in euch, deshalb braucht ihr niemanden, der euch lehrt. Denn der Geist lehrt euch alles, und was er lehrt, ist wahr – es ist keine Lüge. Bleibt also bei dem, was er euch gelehrt hat, und lebt weiter mit Christus!*‘ (1. Johannes 2,27 NLB).

Selbst diese Vision, die du gerade an meiner Seite erlebst, bewirkt der Heilige Geist in dir und übersetzt sie in dein Herz hinein, damit du sie nicht nur verstehen, sondern auch in dein Leben integrieren kannst. Das ist das Geheimnis, wie du von Herrlichkeit zu Herrlichkeit in mein Ebenbild verwandelt wirst. Der Apostel Paulus beschrieb dieses Zusammenwirken von Offenbarung und Verwandlung in 2. Korinther 3,18: ‚*Wir alle aber schauen mit aufgedecktem Angesicht die Herrlichkeit des Herrn an und werden so verwandelt in dasselbe Bild von Herrlichkeit zu Herrlichkeit, wie es vom Herrn, dem Geist, geschieht.*‘

Das Buch, welches vor meiner Fahne liegt, ist das Buch der Bücher, die Bibel, auch das Wort Gottes oder das Ewige Wort genannt. In diesem Buch sind nicht nur der Alte und der Neue Bund enthalten, sondern auch die ewigen Bestimmungen Gottes, sowohl für sein Volk Israel als auch für die Heiden."

Jesus ging zu dem geöffneten Buch hin, schlug eine Seite auf und deutete auf eine Stelle: „Lies, was hier geschrieben steht, Markus. Das ist eine gute Beschreibung des schöpferischen Wortes Gottes." Ich ging zu dem Buch, und vor meinen Augen verwandelte sich die Schrift in meine Muttersprache, sodass ich sie lesen konnte: ‚*Im Anfang war das Wort. Das Wort war bei Gott und das Wort war Gott. Er [Jesus] war im Anfang bei Gott. Durch ihn wurde alles geschaffen, was ist. Es gibt nichts, was er, das Wort, nicht geschaffen hat. Das Leben selbst war in ihm, und dieses Leben schenkt allen Menschen Licht. Das Licht*

---

verlassen, lehnen ab, was der Geist Gottes enthüllt. Es kommt ihnen unsinnig vor. Sie können nichts damit anfangen, weil es nur mithilfe des Geistes beurteilt werden kann."

scheint in der Dunkelheit, und die Dunkelheit konnte es nicht auslöschen‘ (Johannes 1,1-5 NLB).

Als ich begann, diese Verse aus Johannes 1 laut vorzulesen, verneigten sich die zwölf Engel vor Jesus, um ihn dafür zu ehren, das Licht, das Leben und das Wort Gottes zu sein. Nachdem ich fertiggelesen hatte, verneigte ich mich ebenfalls vor ihm, dem Anfang allen Lebens und dem Licht, das nie ausgelöscht werden kann. Danach gingen Jesus und ich wieder die Wendeltreppe hinab in die Halle der Nationen. Die zwölf Engel blieben im Obergeschoss. Diese Vision habe ich in mehreren Etappen erhalten, da ich ihre Fülle nicht auf einmal verarbeiten konnte.

Eine Zeitreise mit Jesus

Am Fuße der Wendeltreppe angelangt, bewegte sich Jesus zu einem Punkt der Halle hin, von dem aus wir fast alle Gegenstände in ihr überblicken konnten. Jesus begann wieder zu mir zu sprechen: „Ich werde dir jetzt einen kleinen Einblick geben, was es heißt, ewig zu sein, also unabhängig von der Zeit. So viel lasse ich dich erkennen, dass du es gerade noch verkraften kannst. Stelle dich bitte vor mich hin, mit deinem Rücken zu mir, sodass ich dir von hinten meine Hände auflegen kann. Du brauchst mir jetzt keine Fragen zu stellen, denn ich kenne sie schon, bevor du sie mir stellen kannst. Was du gleich sehen wirst, beinhaltet schon alle Antworten auf deine Fragen.“

Ich drehte mich also um, sodass Jesus hinter mir stand. Er legte eine seiner Hände auf meine Schulter und die andere auf meinen Kopf. Es war so, wie Jesus es gesagt hatte, ich brauchte ihm keine Fragen zu stellen. Die Erklärungen zu dem, was ich sah, waren sofort in mir präsent. Es war wie eine Vision innerhalb einer Vision. Daher schreibe ich jetzt nieder, was ich im Geist sah und füge die Antworten von Jesus auf meine Fragen, die ich nicht zu stellen brauchte, hinzu.

Nachdem Jesus mir seine Hände aufgelegt hatte, waren vor meinen Augen die Gegenstände der Halle verschwunden. Wir hatten eine Zeitreise in die Vergangenheit der Halle der Nationen gemacht. Wir befanden uns in der Zeit direkt nach der Sintflut. Damals war, bis auf die Blutlinie von Noah, die ganze Welt verdorben, sodass es keine Fahnen von vor der Sintflut gab. Es befanden sich nur vier Fahnen in dieser großen Halle entsprechend der vier Familien, die Gott durch die Sintflut hindurch gerettet hatte. Eine für Noah, eine für Sem, eine für Ham und eine für Jafet (vgl. 1. Mose 7,13).

Die Fahne von Noah war besonders herrlich, denn sie repräsentierte den Bund, den Gott mit Noah geschlossen hatte. Die reine Blutlinie seiner Abstammung reichte zurück bis zu Set (vgl. 1. Mose 4,26). Nach Noahs Tod wurde diese Fahne feierlich von Engeln einen Stock tiefer ins Archiv der Fahnen gebracht. Die drei verbliebenen Fahnen bildeten den Ausgangspunkt für weitere Banner oder Feldzeichen der verschiedenen Sippen, die aus Noahs Söhnen Sem, Ham und Jafet hervorgingen (vgl. 1. Mose 10).

Wie im Zeitraffer konnte ich sehen, wie sich die Geschichte fortsetzte. Aus den drei Fahnen wurden viele Fahnen, einige wurden in das Archiv der Fahnen, andere in die Halle der verlorenen Fahnen gebracht. Dann reduzierte sich die Geschwindigkeit und aus den vielen Fahnen wurden auf einmal ganz wenige. Wie konnte das passieren? Wir befanden uns in der Zeit parallel zum Turmbau von Babel. Die Menschen hatten sich zusammengefunden und wollten einen Turm bis zum Himmel bauen. Auch dies wurde durch ein Banner repräsentiert, jedoch fehlte bei diesem interessanterweise das Buch der Bestimmung. In 1. Mose 11 kann man nachlesen, wie dieser finstere Plan, einen gemeinsamen Turm bis in den Himmel zu bauen, grandios scheiterte. Im Gericht Gottes zerstreuten sich durch die Verwirrung der Sprachen[14] die Menschen, da keiner mehr den anderen verstehen konnte.

---

[14] *Darum gab man ihr den Namen Babel; denn dort verwirrte der HERR die Sprache der ganzen Erde, und von dort zerstreute sie der HERR über die ganze Erde* (1. Mose 11,9).

Dieses Banner teilte sich in der Folge wieder in viele Fahnen auf, wobei es selber in Flammen aufging. Offensichtlich gab es Fahnen, die nicht würdig waren, in eine der beiden Hallen gebracht zu werden. Stattdessen verbrannten sie im Gerichtsfeuer Gottes.

Was als Nächstes in der Zeitreise herausstach, war die Fahne des Patriarchen Abraham. Zu seiner Zeit verbrannten die Fahnen von Sodom und Gomorra im Gericht Gottes über diese verdorbenen Städte (vgl. 1. Mose 19,24).

Etwas langsamer, sodass ich mehr Details erkennen konnte, ging es jetzt weiter zu den Fahnen von Isaak und dann Jakob, dem Stammvater von Israel. Hier ist der Ursprung der zwölf Fahnen entsprechend der zwölf Söhne Jakobs, aus denen jeweils ein Stamm Israels hervorging. Die dazugehörigen zwölf Fahnen nahmen einen besonderen Platz in der Mitte der Halle der Nationen ein.

Die Zeitreise ging weiter bis zu Mose. Auch hier fiel eine Fahne dem Feuer Gottes zum Opfer. Es war die Fahne, welche die Dynastie des bösen Pharaos repräsentierte, der sich weigerte, das Volk Gottes ziehen zu lassen.

Als Israel, geführt von Josua (vgl. Josua 1 ff.), das ihnen verheißene Land einnahm, erweiterte Gott die Halle der Nationen um das Obergeschoss inklusive der Wendeltreppe, die ich früher schon gesehen hatte. In einer feierlichen Parade brachten zwölf Engel die zwölf Fahnen der Stämme Israels in das Obergeschoss an ihren Ehrenplatz. Da Gott einen ewigen Bund, beginnend mit Abraham (vgl. 1. Mose 17,7), mit dem Volk Israel geschlossen hatte, blieben diese zwölf Fahnen im Obergeschoss, wohingegen die Unterfahnen, zum Beispiel der Könige von Israel, in der Halle der Nationen präsentiert wurden.

Auch brachte ein Engel feierlich die Bibel in das Obergeschoss, obwohl irdisch gesehen, ein Großteil sowohl des Alten Testaments als auch des Neuen erst noch geschrieben werden würde. Doch aus der Sicht der Ewigkeit existierte die Bibel natürlich schon vor Grundlegung der Welt. Gott benutzte Menschen, die ihm vertrauten, um die Bibel in die irdische Dimension zu bringen, wie 2. Petrus 20,20-21 es zum Ausdruck bringt: *„Indem ihr dies zuerst wisst, dass keine Weissagung der Schrift aus eigener Deutung geschieht. Denn niemals wurde eine Weissagung durch den Willen eines Menschen hervorgebracht, sondern von Gott her redeten Menschen, getrieben von Heiligem Geist.“*

Dann ging es wieder schneller voran in der Zeitreise. Unter den vielen Fahnen, die sich aus anderen Fahnen bildeten, dann archiviert wurden usw., befanden sich einige besonders prachtvolle Exemplare, die statt einer Sippe oder Nation einzelne Menschen repräsentierten. Das waren die Propheten, wie z. B. Jeremia, Jesaja, Daniel und Hesekiel aus dem Alten Testament. Der Vater ehrte sie besonders für ihren nicht gerade einfachen prophetischen Dienst auf der Erde, indem er ihnen einzelne Fahnen widmete.

Die Geschwindigkeit der Zeitreise nahm wieder ab, als die Fahne von Johannes dem Täufer (Matthäus 11,7-11) auftauchte. Auch sie bekam einen besonderen Ehrenplatz im Archiv der Fahnen, da Johannes den Weg für Jesus vorbereitet hatte.

Als Jesus geboren wurde, entstand eine besonders prächtige Fahne. Diese hatte ich schon früher direkt neben der Flagge des Stammes Juda gesehen. Diese Fahne war in dem Moment, als sie von Gott in Existenz gebracht wurde, sofort multidimensional. Genaugenommen existierte diese Fahne schon vor Grundlegung der Welt. Psalm 2,6-8 deutet dies an: *„Habe doch ich meinen König geweiht auf Zion, meinem heiligen Berg! Lasst mich die Anordnung des HERRN bekannt geben! Er hat zu mir gesprochen: Mein Sohn bist du, ich habe dich heute gezeugt. Fordere von mir, und ich will dir die Nationen zum Erbteil geben und zu deinem Besitz die Enden der Erde.“*

Eigentlich vereinigten sich in der Fahne von Jesus viele einzelne Fahnen, aber so, dass jede einzelne Fahne weiter existierte, obwohl sie alle eine Fahne bildeten. Weiter oben wies ich schon auf die Eigenart der Fahne hin, die sich aus jedem Blickwinkel verändert darstellte. Die Einzelfahnen „Der Löwe von Juda“ und „das Lamm Gottes“ waren präsenter als die anderen

Aspekte. Diese Fahne stand zunächst vor der Wendeltreppe, die zum Obergeschoss führte.

In dem Moment, als Jesus von den Toten auferstand, leuchtete seine Fahne viel herrlicher als alle anderen, die ich bisher gesehen hatte und noch zu sehen bekommen würde, da diese Fahne seit jenem Zeitpunkt das Auferstehungsleben von Jesus Christus repräsentiert. Nach Jesu Aufstieg in den Himmel und seiner Verherrlichung wurde diese Fahne feierlich durch den Erzengel Michael im Obergeschoss neben der Fahne des Stammes Juda platziert.

Parallel dazu brachte der Erzengel Gabriel das berühmte Buch mit den sieben Siegeln (vgl. Offenbarung 5) und weitere versiegelte Bücher (vgl. Daniel 12,9 und Offenbarung 10,4) herbei. Diese versiegelten Bücher legte der Engel vor die Fahne von Jesus, direkt unter die Bibel, in die Vitrine. Durch Jesus wusste ich, dass zum Beispiel der Engel des Herrn aus der Bibel zitierte, als er Josef im Traum erschien,[15] obwohl zu dieser Zeit das Neue Testament irdisch gesehen noch gar nicht existierte.

Erneut nahm die Zeitreise an Fahrt auf und wir befanden uns im sogenannten finsteren Mittelalter. Mir fiel auf, wie schnell sich während des dreißigjährigen Krieges Fahnen bildeten und ebenso schnell wieder im Gerichtsfeuer Gottes verbrannten. Dieser Krieg war so schlimm, dass ganze Landstriche entvölkert wurden. Das Gleiche konnte ich beobachten, als später die beiden Weltkriege tobten. Ich war erleichtert, als die deutschen Nazi-Fahnen im Gerichtsfeuer Gottes verbrannten. Stattdessen bildete Gott eine besondere Fahne für die im Holocaust getöteten Männer, Frauen und Kinder aus dem Volk Israel. Diese bekam ebenfalls einen Ehrenplatz im Archiv der Fahnen.

Dann waren wir wieder zurück in der Gegenwart. Mir war ein wenig schwindelig von der Zeitreise durch die Jahrtausende.

[15] *Während er dies aber überlegte, siehe, da erschien ihm ein Engel des Herrn im Traum und sprach: Josef, Sohn Davids, fürchte dich nicht, Maria, deine Frau, zu dir zu nehmen! Denn das in ihr Gezeugte ist von dem Heiligen Geist. Und sie wird einen Sohn gebären, und du sollst seinen Namen Jesus nennen, denn er wird sein Volk retten von seinen Sünden* (Matthäus 1,20-21).

Jesus nahm seine Hände von meinem Kopf und meiner Schulter. Ein Engel kam und gab mir einen Becher mit lebendigem Wasser zu trinken. Dadurch kam wieder etwas Kraft in mich und das Schwindelgefühl lies nach. Irdisch gesehen brauchte ich einige Tage Ruhe, sodass mein Körper wieder zu Kräften kam. Auch diese Vision habe ich in mehreren Etappen bekommen, ich wusste jedoch, dass die einzelnen Abschnitte zu einer einzigen Vision gehörten. Doch es sollten noch weitere Offenbarungen über die Halle der Nationen mit den Fahnen folgen.

Hinter den Fahnen

Ein weiteres Mal war ich mit Jesus in einer Vision in der Halle der Nationen. Diesmal führte mich Jesus direkt zu der Fahne von Deutschland. „Ich werde dir jetzt weitere Einzelheiten dieser Halle zeigen. Hinter jeder Fahne befinden sich Räume mit weiteren Fahnen. Diese sind alle miteinander verbunden. Berühre kurz mit deiner rechten Hand die Fahne von Deutschland“, forderte Jesus mich auf.

So wie Jesus es mir aufgetragen hatte, berührte ich mit meiner rechten Hand kurz die Fahne. In dem Moment, als ich sie losließ, befand ich mich in einem komplett anderen Raum. Das war sehr verblüffend, da ich hinter der Halle der Nationen keine weiteren Räume wahrgenommen hatte. So, wie Jesus es mir angekündigt hatte, war ich sozusagen durch die Fahne hindurch in einen weiteren Raum gelangt. Dieser war kleiner als die Halle der Nationen. Hier befanden sich sechzehn weitere Fahnen. Diese repräsentierten die einzelnen Bundesländer von Deutschland. Natürlich fiel mir sofort die blauweiße Fahne des Freistaates Bayern auf, in dem ich wohne. Vor jeder Fahne gab es wieder eine Glasvitrine mit dem Buch der Bestimmung für dieses Bundesland und darunter einige Artefakte. Jesus bedeutete mir mit einer Geste, dass ich nun die bayerische Fahne berühren sollte.

Als ich es tat, wechselte ich in einen weiteren Raum, diesmal hinter der Fahne von Bayern. In diesem befanden sich sieben Fahnen, was den Regierungsbezirken von Bayern entsprach. Hier musste ich kurz aus der Vision aussteigen, um auf Wikipedia die Fahne des Regierungsbezirkes Unterfranken nachzuschlagen. Da ich mir schon denken konnte, wie es voraussichtlich weitergehen würde, schaute ich mir gleich das Wappen von Würzburg, meiner Heimatstadt, an.[16]

Weiter ging die Dimensionsreise durch die Fahne von Unterfranken hindurch, bis wir bei dem Wappen meiner Heimatstadt Würzburg angekommen waren. Jesus meinte jetzt zu mir: „Für dieses Mal beenden wir die Reise durch die Fahnen. Sie könnte noch weitergehen, hinein in einzelne Stadtteile, Straßenzüge usw. Aber das ist jetzt nicht relevant für das, was ich dir noch zeigen will.“ Unter dem Wappen von Würzburg, auf der Glasvitrine, befand sich das Buch der Bestimmung der Stadt und darunter, innerhalb der Vitrine, einige Artefakte. Das Buch war geöffnet und erleuchtete das Wappen von Würzburg.

„Berühre jetzt das Buch der Bestimmung deiner Heimatstadt“, forderte Jesus mich auf. Durch die Berührung des Buches wechselte ich wieder den Raum. Ich befand mich jetzt mit Jesus zusammen in einem größeren Saal voller Bücher an den Wänden mit Tischen und bequemen Stühlen. Es erinnerte mich an den Studiersaal einer Bibliothek.

„Deine Vermutung ist richtig“, bestätigte Jesus. „Wir sind hier in einem der Archive des Himmels. Hier, in diesem Lesesaal, ist alles archiviert, was es über deine Heimatstadt zu wissen gibt. Beter bzw. Fürbitter sind herzlich eingeladen, Offenbarungen über ihre Städte, Regionen und Länder zu bekommen. Hier ist das historische Archiv des Himmels. Je nachdem über welches Portal du hierherkommst, holen die Archivar- bzw. Protokollengel dir die Bücher mit den relevanten Informationen, damit der Heilige Geist daraus Offenbarungen weitergeben kann.

---

[16] Anmerkung: Es ist kein Problem, eine Vision zu unterbrechen. Der Heiligen Geist hilft dir, an der Stelle der Vision wieder anzuknüpfen, an der du sie verlassen hast. In diesem Fall war ich mit der Halle der Nationen durch die vorhergehenden Visionen schon verbunden. Das heißt, ich kann im Geist jederzeit wieder dorthin gehen.

Diese Aufzeichnungen sind nicht mit den historischen Büchern auf der Erde vergleichbar. Die historischen Bücher in der Welt sind nicht vollständig, vielfach geben sie nur die subjektive Meinung eines Historikers wieder. In den archivierten Büchern des Himmels sind die geistlichen Hintergründe bzw. Zusammenhänge parallel zu den historischen Abläufen und Ereignissen aufgezeichnet. Wo es notwendig ist, werden auch die Herzenshaltungen und Motive der beteiligten Menschen erwähnt.

Den Fürbittern offenbart der Heilige Geist nur die passenden Abschnitte aus dem Archivbuch, die relevant für ihren Auftrag von mir sind. Zum einen könntet ihr die Informationsflut auch nur aus einem einzigen Buch des himmlischen Archivs nicht verkraften. Zum anderen würde euch die Fülle der Informationen davon ablenken, euch auf die eigentliche Aufgabe der stellvertretenden Buße und Umkehr zu fokussieren. Wenn die Beter ihre Aufgabe erfüllt und meine Engel die Bastionen der Finsternis zerstört haben, ist ihre Aufgabe noch nicht zu Ende. Leider hören viele Fürbitter an dieser Stelle auf, sich zu engagieren. Sie freuen sich darüber, dass das Reich Gottes über die Bastionen und Festungen des Feindes triumphiert hat, jedoch müssen in die eroberten Gebiete meine Heilspläne hineingebetet werden.“[17]

„Ja, das kann ich bestätigen,“ erwiderte ich Jesus. „Ein geistliches Vakuum zu hinterlassen, ist keine gute Idee. Ich habe das im Kampf um meine Heimatstadt erlebt. Die Bastionen und Festungen des Feindes waren gefallen. Doch leider fand sich niemand, der diesen Sieg über die Mächte der Finsternis in meiner Heimatstadt in Richtung einer Erweckung weitergeführt hätte, obwohl wir dafür gebetet hatten. Leider konnten die Mächte der Finsternis sich anschließend wieder ausbreiten, was gar nicht gut für meine Heimatstadt war und heute noch ist.“

---

[17] Gott sagte zum Propheten Jeremia: *„Siehe, ich habe dich an diesem Tag über die Nationen und über die Königreiche bestellt, um auszureißen und niederzureißen, zugrunde zu richten und abzubrechen, um zu bauen und zu pflanzen“* (Jeremia 1,10). Hier sehen wir die beiden Seiten der Erneuerung: Die Zerstörung des Alten und den Aufbau des Neuen.

Jesus fuhr mit seiner Erklärung fort. „Das hast du richtig erkannt. Eine Bastion bzw. Festung des Feindes von meinen Engeln zerstören zu lassen, ist nur die eine Seite der Medaille. Wenn anschließend dieses Vakuum nicht von einer Erweckung gefüllt wird, kann der Feind sich mit der Zeit dort wieder ausbreiten und verlorenes Territorium zurückgewinnen.

Doch ich versichere dir, eure Gebete waren keinesfalls umsonst. Die Bastionen und Festungen wurden von meinen Engeln nachhaltig zerstört. Dem Feind ist es damit unmöglich geworden, sich mit seiner Finsternis wieder so tief zu verwurzeln, wie es vorher der Fall gewesen war. Dadurch wird es in einer zukünftigen Erweckung einfacher sein, den Feind nochmals zu vertreiben. Das geschieht dann fast automatisch, wenn sich mein Königreich ausbreitet. All das ist untrennbar mit dem Buch der Bestimmung deiner Heimatstadt verbunden. Was ich dir hier geoffenbart habe, gilt übertragen für alle Regionen bis hin zu den Nationen."

Der Baum des Lebens

In einer anderen Offenbarung war ich ein weiteres Mal mit Jesus in der Halle der Nationen. Was für außergewöhnliche Erlebnisse ich hier schon erfahren durfte! Raum und Zeit waren unter den Händen Jesu beweglich geworden. Ich war in der Zeit zurück und vor gereist. Durch die Fahnen hindurch betrat ich zahlreiche Räume. Daher war ich schon sehr gespannt, was Jesus mir diesmal zeigen würde.

Er forderte mich auf: „Heute gehen wir wieder zu einer Fahne mit einem geöffneten Buch. Für das, was ich dir zeigen werde, ist das Land, das von dieser Fahne repräsentiert wird, nicht relevant. Das, was du gleich erleben wirst, gilt für alle Nationen. Berühre jetzt mit einer Hand die Fahne und gleichzeitig mit der anderen eine Seite des leuchtenden Buches der Bestimmung darunter. Diesmal lass deine Hände auf der Fahne und dem Buch liegen und beobachte genau, was passiert."

Entsprechend dem, was Jesus mir aufgetragen hatte, legte ich gleichzeitig eine Hand auf die Fahne und die andere Hand auf das Buch. Zuerst geschah gar nichts, ich bemerkte jedoch, wie eine Kraft durch mich floss. Langsam veränderte sich die komplette Umgebung um uns herum. Das war wie in einem Film, wenn eine Szene von einem Drehort zur nächsten Aufnahme an einen anderen Ort wechselt.

Die Fahne, das Buch und die „Glasvitrine" waren noch da, auch Jesus war glücklicherweise noch an meiner Seite. Doch alles andere hatte sich verändert. Die Halle mit den Fahnen war verschwunden und wir befanden und jetzt im Freien auf einer Wiese. Direkt vor uns stand ein mächtiger Baum, links daneben floss ein breiter Fluss mit kristallklarem Wasser, wobei ich das typische Rauschen des Wassers hören konnte. Vögel zwitscherten und es roch so, wie ich mir eine von Menschen unberührte Natur vorstelle, nur viel intensiver. „Wir haben offensichtlich wieder die Dimension gewechselt, Jesus", rief ich erstaunt aus. „Sind wir hier im Paradies?"

Jesus lächelte wieder und sagte: „Du kannst die Fahne und das Buch jetzt loslassen. Wir sind durch die Verbindung der Fahne mit dem Buch der Bestimmung zu dem Baum des Lebens im Paradies gewechselt. Zitiere aus der Bibel, was ich Johannes in einer Vision auf Patmos gezeigt habe." Folgende zwei Stellen las ich vor:

> *Wer ein Ohr hat, höre, was der Geist den Gemeinden sagt! Wer überwindet, dem werde ich zu essen geben von dem Baum des Lebens, welcher in dem Paradies Gottes ist* (Offenbarung 2,7).

> *Und er zeigte mir einen Strom von Wasser des Lebens, glänzend wie Kristall, der hervorging aus dem Thron Gottes und des Lammes. In der Mitte ihrer Straße und des Stromes, diesseits und jenseits, war der Baum des Lebens, der zwölfmal Früchte trägt und jeden Monat seine Frucht gibt; und die Blätter des Baumes sind zur Heilung der Nationen* (Offenbarung 22,1-2).

Jesus erklärte dazu: „Diesen von Johannes beschriebenen Ort haben wir gerade betreten. Das Wasser neben uns ist das lebendige Wasser,[18] dessen Quelle der Thron Gottes selbst ist. In diesem Fall ist der Thron Gottes gleichzeitig auch der Tempel Gottes, der wiederum mit dem Heiligtum im Berg Zion verbunden ist. Der Baum, den du hier vor dir siehst, ist der Baum des Lebens. Das Leben, das ich in diesen Baum gelegt habe, ist mehr, als dass er wachsen kann und Früchte bringt. Durch die Verbindung mit mir ist dieser Baum des Lebens ebenfalls multidimensional.

Johannes hat in seiner Vision diesen Baum als einen einzelnen Baum gesehen. Mein Prophet Hesekiel hingegen hat diesen Baum des Lebens als viele Bäume entlang eines Flusses gesehen. Und ich sprach durch einen Engel in einer Vision zu Hesekiel: *‚Hast du gesehen, Menschensohn? Und er* [der Engel] *führte mich wieder zurück am Ufer des Flusses entlang. Als ich zurückkehrte, siehe, da standen am Ufer des Flusses sehr viele Bäume auf dieser und auf jener Seite‘* (Hesekiel 47,6-7).

Wie du dir sicher denken kannst, liegt der Ursprung dieses Baumes am Anfang im Garten Eden: *‚Und der HERR, Gott, ließ aus dem Erdboden allerlei Bäume wachsen, begehrenswert anzusehen und gut zur Nahrung, und den Baum des Lebens in der Mitte des Gartens‘* (1. Mose 2,9). Der verdorbene Baum der Erkenntnis des Guten und Bösen wurde gefällt, wie ich dir in einer früheren Vision schon gezeigt hatte.[19] Zusätzlich fiel dann das Feuer Gottes darauf und der gefällte Baum ist zusammen mit seinen Wurzeln zu Asche und Staub zerfallen. Seine Existenz wurde damit beendet und er kann niemanden im Paradies mehr mit seinem Gift verseuchen.“

„Da stellt sich für mich eine Frage“, meinte ich. „Da wir ja von der Halle der Nationen hierhergekommen sind, wie ist die

---

[18] *Denn zweifach Böses hat mein Volk begangen: Mich, die Quelle lebendigen Wassers, haben sie verlassen, um sich Zisternen auszuhauen, rissige Zisternen, die das Wasser nicht halten* (Jeremia 2,13).

[19] Kapitel 4: „Auf dem Weg zum Vater“ aus meinem Buch: „Komm höher herauf! (Band 1).“

Verbindung des Baumes des Lebens und seinen Blättern zur Heilung der Nationen mit jener Halle? Kannst du mir bitte weitere Offenbarungen darüber schenken? Und was ist der Unterschied zwischen den Blättern zur Heilung der Nationen und den Früchten, die der Baum bzw. die Bäume des Lebens zwölfmal pro Jahr tragen? Für mich ist eine Zeitangabe, wie zwölfmal im Jahr, sehr verwirrend, da wir uns, zusammen mit dem Baum des Lebens, ja in der Ewigkeit befinden."

„Zuerst bekommst du Offenbarungen über die Blätter zur Heilung der Nationen", begann Jesus meine Frage zu beantworten. „Damit ein Nachfolger von mir Heilung in eine ganze Nation bringen kann, braucht er zuerst einen Auftrag von Gott. Dann muss er hierherkommen und von diesen Blättern des Baumes zur Heilung der Nationen essen. Dies ist vergleichbar mit dem, was ich dem Propheten Hesekiel aufgetragen hatte: *‚Menschensohn* [also Hesekiel], *was du findest, iss! Iss diese Rolle* [Buchrolle, Schriftrolle; je nach Übersetzung], *und geh hin, rede zum Haus Israel! Und ich öffnete meinen Mund, und er gab mir diese Rolle zu essen. Und er sprach zu mir: Menschensohn, deinem Bauch gib zu essen, und deinen Leib fülle mit dieser Rolle, die ich dir gebe! Und ich aß sie, und sie war in meinem Munde süß wie Honig‘* (Hesekiel 3,1-3).

Damit war in diesem Fall die Schriftrolle durch Verstoffwechselung in meinem Propheten Hesekiel so präsent, dass er das darin Aufgezeichnete in der irdischen Dimension verkörpern konnte. Das hatte dort weit mehr Auswirkungen, als wenn er nur aus der Schriftrolle ‚zitiert‘ hätte. Er hatte das Leben der Worte in sich aufgenommen.

Ebenso erging es meinem Propheten Johannes auf Patmos: *‚Und ich* [Johannes] *ging zu dem Engel und sagte ihm, er möge mir das Büchlein geben. Und er spricht zu mir: Nimm es und iss es auf! Und es wird deinen Bauch bitter machen, aber in deinem Mund wird es süß sein wie Honig. Und ich nahm das Büchlein aus der Hand des Engels und aß es auf; und es war in meinem Mund süß wie Honig, und als ich es gegessen hatte, wurde mein Bauch bitter gemacht‘* (Offenbarung 10,9-10).

In diesem Fall hatte ich einen Engel beauftragt, Johannes das Buch zu essen zu geben. Dass dieses Buch im Mund von Johannes zuerst süß wie Honig war und ihm dann bitter im Bauch wurde, lag an dem Inhalt. In diesem Fall hatte Johannes nicht nur den lebendigen Anteil des Buches auf die Erde gebracht, sondern auch die Ankündigungen der Gerichte Gottes. Letzteres ist bitter, muss aber sein, damit ich alles neu machen kann (vgl. Offenbarung 21,5). Das war vor nun 2000 Jahren, doch es gilt immer noch: *‚Und siehe, ich* [Jesus] *komme bald. Glückselig, der die Worte der Weissagung dieses Buches bewahrt‘* (Offenbarung 22,7).

Das ‚geistliche Essen‘ und die damit einhergehende Verstoffwechselung der Blätter zur Heilung der Nationen setzt in der irdischen Dimension mehr als nur die Heilung einer Nation frei. Da diese Blätter vom Baum des Lebens stammen, setzen sie das Leben selbst frei, also mich. Damit kann die Nation Buße tun und umkehren von ihren verkehrten Wegen des Todes und wieder zurück auf den Weg des Lebens gelangen, den der Vater vor Grundlegung der Welt im Buch der Bestimmung über diese Nation vorgeschrieben hat.

Die Früchte des Baumes des Lebens

In einer anschließenden Vision bekam ich den zweiten Teil der Antwort zur Frage nach den Früchten des Baumes des Lebens geoffenbart. Jesus sprach: „Aus der Sicht der Ewigkeit macht eine Zeitangabe wie ‚zwölfmal im Jahr‘ natürlich keinen Sinn, also bezieht es sich auf die Erde. Dort repräsentiert ihr als meine Gemeinde den Baum des Lebens, der im Paradies steht. Weil ich in euch lebe, könnt ihr der Weilt Heilung bringen, und das unentwegt. Denke an Johannes 7,38:

> *Wer an mich glaubt, wie die Schrift gesagt hat, aus seinem Leibe werden Ströme lebendigen Wassers fließen.*

Es sollte das besondere Kennzeichen meiner Gemeinde sein, dass sie Leben und Heilung vom Himmel in die Welt bringt. In

Hesekiels Vision gleicht die Gemeinde einem lebendigen Wald und keinem Kirchengebäude aus toten Steinen. Der erste Psalm[20] vergleicht die dort beschriebenen Gläubigen mit einem Baum, gepflanzt an Wasserbächen, der seine Frucht bringt und dessen Blätter nicht verwelken. Wegen seiner Verbindung mit mir ist er nicht den irdischen Jahreszeiten unterworfen und kann unentwegt, also ‚zwölfmal im Jahr', Frucht bringen.

Ihr solltet öfters zum Baum des Lebens im Paradies kommen, um seine Früchte bzw. Blätter zu essen. Das ist mit dem Manna vergleichbar, mit dem ich das Volk Israel auf ihrer vierzigjährigen Wanderung durch die Wüste zum Gelobten Land versorgte, inklusive Wasser und Wachteln. Wenn die Israeliten das Manna über einen Tag hinaus aufhoben, war es verdorben, außer dem Manna, das für den Sabbat mitgesammelt wurde. Das heißt für euch, dass ihr jedes Mal, wenn ihr zum Baum des Lebens kommt, weitere Nahrung und Heilung empfangen könnt. Einmal von seinen Blättern und Früchten zu essen, ist bei Weitem nicht ausreichend. Es sollte für euch eine Gewohnheit werden, von dem Baum zu essen."

„Danke Jesus für deine Ausführungen über die Blätter zur Heilung der Nationen und der Zeitangabe bezüglich der Früchte. Kannst du mir mehr über diese Früchte des Baumes des Lebens offenbaren?", fragte ich Jesus weiter. „Gerne, Markus. Der Baum des Lebens ist mit weiteren Eigenschaften von mir verbunden, zum Beispiel der *Weisheit*:

> *Glücklich der Mensch, der Weisheit gefunden hat, der Mensch, der Verständnis erlangt! Denn ihr Erwerb ist besser als Silber, und wertvoller als Gold ihr Gewinn. Ihre Wege sind freundliche Wege, und alle ihre Pfade sind Frieden ... Ein Baum des Lebens ist sie für alle, die sie ergreifen, und wer an ihr festhält, ist glücklich zu preisen* (Sprüche 3,13.14.18).

---

[20] *Glücklich der Mann, der nicht folgt dem Rat der Gottlosen, den Weg der Sünder nicht betritt und nicht im Kreis der Spötter sitzt, sondern seine Lust hat am Gesetz des HERRN und über sein Gesetz sinnt Tag und Nacht! Er ist wie ein Baum, gepflanzt an Wasserbächen, der seine Frucht bringt zu seiner Zeit, und dessen Laub nicht verwelkt; alles, was er tut, gelingt* (Psalm 1).

Ihr benötigt viel meiner kostbaren Weisheit, um zuerst innere Heilung und Befreiung[21] zu erfahren und um dann die Heilung in eine Nation bringen zu können.

Dann ist der Baum des Lebens ebenfalls mit *Gerechtigkeit* verbunden, einer weiteren Frucht.

> *Die Frucht des Gerechten ist ein Baum des Lebens, und der Weise gewinnt Menschen für sich* (Sprüche 11,30).

Durch diese Frucht kommst du tiefer in die Dimension meiner Gerechtigkeit hinein und gewinnst zudem durch weise Worte und Handlungen noch Menschen für dich und mich. Was die Gerechtigkeit betrifft, sagte ich in den Evangelien:

> *Glückselig, die nach der Gerechtigkeit hungern und dürsten, denn sie werden gesättigt werden* (Matthäus 5,6).
>
> *Trachtet aber zuerst nach dem Reich Gottes und nach seiner Gerechtigkeit! Und dies alles wird euch hinzugefügt werden* (Matthäus 6,33).

Oder wie es der Apostel Paulus so schön ausgedrückt hat:

> *Wie nun durch die Sünde des Einen* [Adam] *die Verdammnis über alle Menschen gekommen ist, so ist auch durch die Gerechtigkeit des Einen* [Jesus] *für alle Menschen die Rechtfertigung gekommen, die zum Leben führt* (Römer 5,18 LUT).
>
> *Denn das Reich Gottes ist nicht Essen und Trinken, sondern Gerechtigkeit und Friede und Freude im Heiligen Geist* (Römer 14,17).

Du siehst, Gerechtigkeit ist eine große Dimension, die es von euch Betern zu entdecken gilt. Was ich dir und anderen über die Gerichtssäle des Himmels schon geoffenbart habe, ist nur ein

---

[21] Vgl.: Jennifer Eivaz, „Handbuch für innere Heilung und Befreiung: Wie dein Herz wieder lebendig wird“, GloryWorld-Medien 2023.

Teilaspekt dieser Dimension. Durch den Apostel Paulus habe ich euch weiter geoffenbart:

> *Gott allein hat es ermöglicht, dass ihr in Christus Jesus sein dürft. Den hat er zu unserer Weisheit gemacht. Durch ihn sind wir vor Gott gerecht gesprochen und unser Leben wird durch ihn geheiligt. Durch ihn sind wir erlöst* (1. Korinther 1,30 NLB).

Durch diesen Bibelvers kannst du ebenfalls in diese Dimension hineinkommen, um die Verbindung von Leben, Weisheit, Gerechtigkeit, Heiligung und Erlösung zu erfahren.

Des Weiteren ist der Baum des Lebens mit *Gelassenheit* verbunden.

> *Gelassenheit der Zunge ist ein Baum des Lebens, aber Falschheit in ihr ist Zerbruch des Geistes* (Sprüche 15,4).

Es sind schon viele Menschen zerbrochen, weil sie ihre Zunge nicht im Zaum halten konnten. Das bezieht sich nicht nur auf ‚böse' Dinge, sondern auch auf ‚gute'. Eine sehr wichtige Lektion für meine Nachfolger besteht in der Frage: Wenn ich ihnen ein Geheimnis offenbare, können sie es für sich behalten oder müssen sie es gleich ausplaudern? Es ist weise, mich zu fragen, ob sie eine Offenbarung von mir weitergeben können oder ob diese ein Geheimnis bleiben soll. Der Weise ist nicht geschwätzig. Erst wenn ein Nachfolger von mir diese Lektion gelernt hat, kann ich ihm größere Geheimnisse bzw. Offenbarungen anvertrauen.

Jakobus hat das Problem mit der Zunge in seinem Brief schön zusammengefasst:

> *Wir alle machen viele Fehler, aber wer seine Zunge im Zaum hält, der kann sich auch in anderen Bereichen beherrschen. Wir können ein großes Pferd lenken, wohin wir wollen, wenn wir ihm ein Zaumzeug anlegen. Und mit einem winzigen Ruder lenkt der Steuermann ein großes Schiff selbst bei heftigem Wind, wohin er will. So kann auch die Zunge, so klein sie auch ist, enormen Schaden anrichten. Ein winziger Funke*

steckt einen großen Wald in Brand! Die Zunge ist wie eine Flamme und kann eine Welt voller Ungerechtigkeit sein. Sie ist der Teil des Körpers, der alles beschmutzen und das ganze Leben zerstören kann, wenn sie von der Hölle selbst in Brand gesteckt wird (Jakobus 3,2-6 NLB).

Oder wie der König Salomo erkannte:

Eine Handvoll Gelassenheit ist besser als beide Hände voll Mühe und Jagd nach Wind (Prediger 4,5).

Gelassenheit verlängert das Leben; Eifersucht aber zerstört es (Sprüche 14,30 NLB).

Wer diese Frucht der Gelassenheit vom Baum des Lebens gegessen und damit verinnerlicht hat, kann den nächsten Schritt in die Dimension der Ruhe Gottes gehen:

Genauso wie den Leuten damals in der Wüste ist auch uns die Gute Nachricht verkündet worden, die Botschaft, dass wir in Gottes Ruhe aufgenommen werden sollen. Aber denen hat diese Botschaft nichts genützt; sie ist ihnen nicht in Fleisch und Blut übergegangen – was durch die Kraft ihres Vertrauens hätte geschehen müssen (Hebräer 4,2 GNB).

Die letzte Frucht, die ich dir in dieser Vision zeigen werde, ist die Verbindung des Baumes des Lebens mit *Hoffnung*:

Hingezogene Hoffnung macht das Herz krank, aber ein eingetroffener Wunsch ist ein Baum des Lebens (Sprüche 13,12).

Schon David hatte begriffen, dass es keine Hoffnung mehr gibt, wenn die Verbindung zu mir zerbrochen ist.

HERR, ich rufe zu dir um Hilfe! Du mein Beschützer, stell dich nicht taub! Wenn du mich schweigend von dir weist, dann ist für mein Leben keine Hoffnung mehr (Psalm 28,1 GNB).

Herr, was hab ich da noch zu erhoffen? Ich setze meine ganze Hoffnung auf dich (Psalm 39,8 GNB).

Der Apostel Paulus hat dies im Neuen Testament aufgegriffen:

> *Unsere Hoffnung aber wird uns nicht enttäuschen. Denn dass Gott uns liebt, ist uns unumstößlich gewiss. Seine Liebe ist ja in unsere Herzen ausgegossen durch den Heiligen Geist, den er uns geschenkt hat* (Römer 5,5 GNB).

Du siehst, die Früchte des Baumes des Lebens sind mannigfaltig und alle miteinander verbunden. Ihr seid eingeladen, zu dem Baum des Lebens im Paradies zu kommen und von seinen Blättern und Früchten zu essen. Durch das ‚Essen' wirst du so wie der Baum, nämlich lebendig und heil. Da ich das Leben bin, bedeutet das zugleich, dass du mir ähnlicher wirst. Da ihr Menschen im Allgemeinen nur wenig Ahnung vom wahren Leben habt, müsst ihr hier zu mir und damit zum wahren Leben kommen. So gelangt ihr vom Tod zum Leben."

Kapitel 10

Im Tal der Tränen

Du zählst alle meine Klagen. Sammle alle meine Tränen in einem Gefäß. Du hast doch jede einzelne in deinem Buch festgehalten (Psalm 56,9 NLB).

Wenn sie das Tal der Tränen durchqueren, wird es ihnen zu einem Ort erfrischender Quellen und der Frühregen bedeckt es mit Segen (Psalm 84,7 NLB).

Als ich einmal sehr verzweifelt war und mir deswegen die Tränen über die Wangen liefen, fand ich mich plötzlich in einer Vision mit Jesus zusammen wieder. Ich nenne sie die Vision vom Tal der Tränen. Jesus stand mir gegenüber und wischte mit einem weißen Tuch meine Tränen ab: „Mit den Tränen in deinen Augen kannst du hier nicht wirklich viel sehen. Ich werde dir heute einen besonderen Ort im Himmel zeigen, das Tal der Tränen. Komm folge mir nach."

Jesus wandte sich um und wir gingen eine Zeitlang in einer bergigen Gegend umher, bis wir zu einem großen Tal kamen. „Das ist das Tal der Tränen", begann Jesus seine Erklärung. „Hier hebt mein Vater alle Tränen derer auf, die ihm gemäß Gottes Offenbarungen geglaubt haben (Altes Testament) bzw. mir nachgefolgt sind (Neues Testament). Keine der Tränen, die geweint wurden, geht verloren. In der irdischen Dimension laufen dir, wie gerade eben, Tränen über die Wangen. In dieser

Dimension hier werden die von Engeln aufgesammelten Tränen in Phiolen[1] aufgesammelt und in dieses Tal gebracht.

Kleine Phiolen werden von den Engeln in größere, vom Vater bereitgestellte Phiolen umgefüllt, mit einem Deckel verschlossen, um dann in Glasvitrinen aufbewahrt zu werden."

In dem Moment, als Jesus mir diese Offenbarung über die Tränenphiolen schenkte, konnte ich die Glasvitrinen mit den Phiolen in dem Tal erkennen. Es war eine so große Anzahl, dass ich gar nicht erst den Versuch unternahm, sie zu zählen. Auch war das Tal so groß, dass ich sein Ende auf der gegenüberliegenden Seite nicht erkennen konnte.

Was mir zusätzlich auffiel, war eine Säulenhalle mit einem kunstvollen Dach darüber, die sich ungefähr in der Mitte des Tales befand. Diese Halle erinnerte mich an eine altgriechische Stoa[2] bzw. die Säulenhalle Salomos[3]. „Danke Jesus, dass du mir meine Tränen abgewischt hast, sodass ich jetzt dieses Tal sehen kann. Was ist das für eine prunkvolle Säulenhalle in der Mitte des Tales?", fragte ich Jesus.

„In dieser besonderen Halle werden die Tränen der Apostel und Propheten aufbewahrt. Mehr dazu offenbare ich dir später. Lass uns jetzt ein Stückweit in dieses Tal hineingehen."

---

[1] Eine Phiole (lateinisch fiola, altgriechisch φιάλη phiále „Schale", „Gefäß mit breitem Boden") ist ein birnenförmiges Glasgefäß mit langem, engem Hals. – Wikipedia, 9.5.2023.

[2] Eine Stoa (altgriechisch στοά, Plural Stoen) ist eine an der Rück- und meist auch an den Schmalseiten geschlossene Halle, deren offene Front durch Stützen, meist in Form von Säulen, gegliedert ist. Im rückwärtigen Teil kann sie weitere Räume bergen, in ihrem offenen Bereich kann sie durch Säulenstellungen in zwei, sehr selten in drei Schiffe geteilt sein. Mehrgeschossige Stoen sind nachgewiesen. Die griechische Philosophenschule der Stoa und ihre Lehre wurden nach einem Vertreter dieses Gebäudetyps benannt. – Wikipedia, 25.3.2023.

[3] Säulenhalle Salomos: Eine Säulenhalle oder Kolonnade am Tempel von Herodes dem Großen. Der Herr ging darin umher, und es gab dort Platz für die Juden, um sich um ihn zu versammeln (Joh 10,23). Als Petrus und Johannes den Lahmen geheilt hatten, versammelten sich die Menschen am selben Ort, und Petrus sprach zu ihnen. Es war wahrscheinlich ein nicht oft besuchter Teil des äußeren Tempels, denn die Gläubigen trafen sich hier in der Anfangszeit der Versammlung (Apg 3,11; 5,12). Quelle: https://www.bibelkommentare.de/lexikon/4248/saeulenhalle-salomos.

Mittlerweile konnte ich auch die Engel erkennen, wie sie Tränen in den kleinen Phiolen brachten und in größere umfüllten. In den kleinen Phiolen waren manchmal nur ein paar Tränen enthalten, andere waren bis zum Rand gefüllt. Ich folgte Jesus zu einer Glasvitrine, an der ein Engel stand, der gerade Tränen umfüllte. Faszinierend war für mich, dass dieses Tal hell erleuchtet war und dadurch die Glasgefäße in allen nur erdenklichen Farben funkelten. Statt Trauer und Schmerz strahlte dieses Tal der Tränen einen übernatürlichen Frieden aus. Das erinnerte mich an Philipper 4,7:

Und der Friede Gottes, der allen Verstand übersteigt, wird eure Herzen und eure Gedanken bewahren in Christus Jesus.

Meine Gedanken lesend antwortete Jesus mir: „Dies ist kein finsteres Tal der Todesschatten, wie es David in Psalm 23 beschrieben hat. Die Anlässe, weswegen Menschen weinen, mögen sehr traurig und die Ursachen manchmal auch finster sein. Doch dafür ist hier im Himmel kein Platz. Dieses Tal ist vom übernatürlichen Frieden Gottes durchdrungen, seinem Schalom.

Und er wird jede Träne von ihren Augen abwischen, und der Tod wird nicht mehr sein, noch Trauer noch Geschrei noch Schmerz wird mehr sein; denn das Erste ist vergangen (Offenbarung 21,4).

Dieser Ort ist die Vollendung dessen, was ich euch durch Johannes geoffenbart habe. Da wir hier in der Ewigkeit sind, ist „das Erste“ bereits vergangen. Das ist für Menschen schwer verständlich, da eure Existenz an die Zeit gebunden ist. Die Ursachen für eure Tränen – wie Schmerzen, Tod und Trauer – existieren in der Ewigkeit nicht mehr. Salomo, der Sohn Davids, hat Folgendes aufgeschrieben:

Und ich wandte mich und sah all die Unterdrückungen,
die unter der Sonne geschehen.
Und siehe, da waren Tränen der Unterdrückten,
und sie hatten keinen Tröster.

Und von der Hand ihrer Unterdrücker ging Gewalttat aus, und sie hatten keinen Tröster.
(Prediger 4,1)

In der Ewigkeit wird niemand mehr unterdrückt, es gibt keinerlei Gewalttat mehr, und der Trost durch den Heiligen Geist ist hier vollendet. Im Gegensatz zu der Zeit Salomos konnte ich euch nach meinem irdischen Tod, meiner Auferstehung und anschließenden Verherrlichung beim Vater den Tröster und Beistand senden.

Wenn der Beistand gekommen ist, den ich euch von dem Vater senden werde, der Geist der Wahrheit, der von dem Vater ausgeht, so wird der von mir zeugen (Johannes 15,26).

Der Heilige Geist als euer Tröster und Beistand hilft euch dabei, stets neuen Mut und Hoffnung zu schöpfen, sodass ihr alle Trauer und alles Leid jetzt schon überwinden könnt.

Ihr lebt in einer gefallenen, durch die Auswirkungen der Sünden immer mehr sich selbst zerstörenden Welt. Ich kann euch nicht alles Leid ersparen, aber ich trage euch durch und wische euch alle Tränen ab, die die Engel einsammeln und hier an diesen Ort im Himmel bringen. Wie auch der Apostel Paulus es aus eigener Erfahrung bestätigen konnte:

Nicht allein aber das, sondern wir rühmen uns auch in den Bedrängnissen, da wir wissen, dass die Bedrängnis Ausharren bewirkt, das Ausharren aber Bewährung, die Bewährung aber Hoffnung; die Hoffnung aber lässt nicht zuschanden werden, denn die Liebe Gottes ist ausgegossen in unsere Herzen durch den Heiligen Geist, der uns gegeben worden ist (Römer 5,3-5).

Das Ausharren in Bedrängnissen setzt die Liebe Gottes in euren Herzen frei. Nutzt die irdischen Bedrängnisse, um euch tiefer auf die Dimension der Liebe Gottes einzulassen und in sie einzutauchen, bis ihr Frieden findet.

Das Tränenarchiv

Wie der Psalmist richtig erkannt hat:

> *Ich zähle alle eure Klagen. Ich sammle alle eure Tränen in einem Gefäß. Ich habe doch jede einzelne in deinem Buch festgehalten* (nach Psalm 56,9 NLB).

Alle Tränen in diesen Phiolen sind mit einem besonderen Archiv im Himmel verbunden. Dieses Tränenarchiv speichert in schriftlicher Form die Erinnerungen derer, die diese Tränen geweint haben, wobei in den Tränen selber sowohl die Gefühle als auch die Informationen dazu enthalten sind. Die Tränen und die Einträge im Archiv sind direkt miteinander verbunden. Daher ist möglich, was du gleich erleben wirst. Berühre diese Phiole vor dir", forderte mich Jesus auf.

So wie mir Jesus aufgetragen hatte, berührte ich die Phiole, auf die er zeigte. Sofort wechselten wir die Dimension (Zeit und Raum) und befanden uns an einem historischen Ort, der in der Bibel beschrieben wird. Durch Jesus und die Verbindung mit dem Tränenarchiv wusste ich sofort, welche Begebenheit sich gerade vor uns abspielte: *„In jenen Tagen wurde Hiskia todkrank. Und der Prophet Jesaja, der Sohn des Amoz, kam zu ihm und sagte zu ihm: So spricht der HERR: Bestelle dein Haus! Denn du wirst sterben und nicht am Leben bleiben"* (2. Könige 20,1).

Ich sah genau diese Szene vor mir, wie Jesaja dem König Hiskia die schlechte Botschaft überbrachte. Mehr noch, ich konnte die Gefühle wahrnehmen, sowohl die des Propheten Jesaja, als auch die des Königs Hiskia. Insbesondere König Hiskia überkam eine große Traurigkeit, weil er diese Krankheit nicht überleben sollte. Das konnte ich so fühlen, als wären es meine eigenen Gefühle: *„Da wandte er sein Gesicht zur Wand und betete zu dem HERRN. Und er sprach: Ach, HERR! Denke doch daran, dass ich vor deinem Angesicht in Treue und mit ungeteiltem Herzen gelebt und dass ich getan habe, was gut ist in deinen Augen! Und Hiskia weinte sehr"* (2. Könige 20,3). An dieser Stelle sah ich nicht nur, wie König Hiskia weinte, sondern auch, wie ein Engel seine Tränen vorsichtig in einer Phiole sammelte.

Jesus erklärte mir zu der Szene, die sich vor unseren Augen so abspielte, als wäre ich direkt vor Ort dabei: „Der Engel hat die Tränen König Hiskias eingesammelt und brachte die Phiole in das Tal der Tränen. Dadurch wurde diese Begebenheit nicht nur in die Bibel aufgenommen, sondern die komplette Sequenz inklusive der Gefühle und Herzenshaltungen in den Tränen im Tränenarchiv gespeichert. Zusammen speichern die Tränen und das Archiv weit mehr als nur die Beschreibung, wie sie euch in der Bibel überliefert ist.

Was König Hiskia hier gesprochen hat, kam tief aus seinem Herzen. Das hat die Liebe Gottes freigesetzt, und in der Folge wurde nicht nur seine Krankheit innerhalb von drei Tagen geheilt, sondern seiner Lebensspanne wurden fünfzehn weitere Lebensjahre hinzugefügt. Du siehst, diese Tränen König Hiskias haben zusammen mit seiner aufrichtigen Herzenshaltung das Herz meines Vaters bewegt, sodass der Prophet Jesaja ihm die gute Nachricht weitergeben konnte:

> *Und es geschah – Jesaja war noch nicht aus der inneren Stadt hinausgegangen –, da geschah das Wort des HERRN zu ihm: Kehre um und sage zu Hiskia, dem Fürsten meines Volkes: So spricht der HERR, der Gott deines Vaters David: Ich habe dein Gebet gehört, ich habe deine Tränen gesehen. Siehe, ich will dich heilen; am dritten Tag wirst du ins Haus des HERRN hinaufgehen und ich will zu deinen Tagen fünfzehn Jahre hinzufügen* (2. Könige 20,4-6a).

Ich durfte anschließend noch das Wunder der rückwärts laufenden Zeit bestaunen, die Gott dem König als Zeichen seiner Heilung gab (vgl. 2. Könige 20,8-11).

Die Tränen Israels

Dann waren Jesus und ich wieder zurück in der Dimension des Tals der Tränen, wobei ich, ohne dass es mir bewusst war, die

Phiole losgelassen hatte. „Diese Emotionen zu erfahren, war sehr heftig", sagte ich zu Jesus. „Die Gefühle eines todgeweihten Mannes inklusive seiner Herzenshaltung mitzuerleben, war für mich sehr herausfordernd und hat viel Kraft gekostet." Jesus erwiderte mir: „Ja, das ist in deinem derzeitigen Zustand nicht einfach zu verkraften. Erst wenn du dereinst komplett in die Dimension des Himmels gewechselt bist, kannst du damit umgehen, ohne dass es dich belastet und Kraft kostet. Dann kannst du auch deine eigene Phiole ohne Probleme berühren, um meine Sicht auf das, was dir in deinem Leben widerfahren ist und noch passieren wird, zu teilen. Damit wird dann der Frieden Gottes, der von diesem Tal ausgeht, komplett zu einem Teil von dir geworden sein. Doch lass uns noch etwas weitergehen; ich will dir noch andere Phiolen zeigen."

Wir gingen also tiefer in das Tal hinein in Richtung der großen Säulenhalle. Jesus blieb nach einigen Schritten stehen und lenkte meinen Blick auf eine Vitrine, in der sich ein größeres Glasgefäß befand. Dieses Gefäß sah eher aus wie eine Ballonflasche mit Deckel. Fragend wandte ich mich Jesus zu: „Gibt es Menschen, die so viel geweint haben, dass eine so große Ballonflasche dafür benötigt wird?" Jesus erwiderte mir: „Diese Ballonflasche enthält die Tränen des Volkes Israel, die es vor dem Haus Gottes in Jerusalem geweint hat: ‚*Und während Esra betete und, weinend und vor dem Haus Gottes daliegend, die Schuld bekannte, versammelte sich um ihn eine sehr zahlreiche Versammlung aus Israel, Männer und Frauen und Kinder; denn auch das Volk weinte unter vielen Tränen*' (Esra 10,1).

Hier siehst du ein in der Bibel überliefertes, lehrreiches Beispiel, wie der von Gott beauftragte Priester Esra die Schuld des Volkes Gottes bekannte. Diese stellvertretende Buße und Umkehr von Esra übertrug sich auf die anwesenden Männer, Frauen und Kinder des Volkes Israel. So wurden sie alle von ihrer Sünde des Götzendienstes gegenüber Gott überführt und weinten. In der unsichtbaren Welt kamen viele Engel an diesen Platz in Jerusalem, um alle diese Tränen des Volkes Israel aufzusammeln. Deswegen brauchte es hierfür ein größeres Gefäß, um alle Tränen aufzubewahren.

Auf der irdischen Seite fielen die Tränen auf den Boden vor dem Tempel in Jerusalem, was zu einer Reinigung des Landes führte. Die Engel Gottes konnten dadurch das Land Israel vom Götzendienst befreien. Weil nach dieser von Herzen kommenden Buße auch die entsprechende Umkehr erfolgte, indem das Volk Israel sich vom Götzendienst abwandte und die Mischehen auflöste (was der Ursprung der Verführung zum Götzendienst war), schenkte Gott eine Erweckung, sodass nach siebzig Jahren Verbannung der Tempeldienst wieder neu eingesetzt werden konnte.

Der Tempel in Jerusalem war damals das Zentrum der Anbetung Gottes. Der Aufbau der Stattmauer Jerusalems und des Tempels durch Nehemia[4] reichten zu dessen Reaktivierung nicht aus. Dadurch, dass die Sünde von Herzen bekannt wurde und eine Umkehr von dem falschen Weg erfolgte, konnte Gott die Sünde des Volkes vergeben. Daraufhin war es möglich, den Tempel erneut einzuweihen", beendete Jesus seine Erklärung zu der großen Ballonflasche in der Glasvitrine vor uns.

Die besonderen Tränen von Hanna

Jesus setzte seinen Weg fort und ich folgte ihm nach. Ich war insgeheim froh, dass ich diese Ballonflasche nicht berühren sollte. Die in den Tränen aufgespeicherten Emotionen hätten mich sicherlich umgehauen. Jesus hielt an einer weiteren Glasvitrine an und deutete auf die reich verzierte Phiole darin. „Das ist die Phiole von Hanna, wie sie verzweifelt über ihre Kinderlosigkeit weinte", begann mir Jesus die Geschichte dahinter zu erklären. „‚*Hanna war ganz verzweifelt über ihre Kinderlosigkeit. Unter Tränen betete sie zum HERRN und machte ein Gelübde*' (1. Samuel 1,10). Das drückt der Psalmist in Psalm 80,6 (NLB) ebenfalls aus: ‚*Du hast uns mit Tränen gespeist und uns Krüge voll Tränen zu trinken gegeben.*'

[4] Beschrieben in der Bibel im Buch Nehemia, Kapitel 2 und 3.

Nicht nur, dass Hanna über ihre Kinderlosigkeit weinte, sie musste auch noch den Spott der anderen Frau ihres Mannes Elkana ertragen. Und das nicht nur einmal, sondern mehrere Jahre lang. ‚*So geschah es Jahr für Jahr, immer, wenn sie* [Hanna] *zum Haus des HERRN hinaufzog, reizte jene* [Elkanas zweite Frau] *sie. Dann weinte sie und aß nicht*‘ (1. Samuel 1,7).

Was für Hanna wie ein großes Unglück aussah, ermöglichte Gott, seinen Plan in Bezug auf den Richter Samuel auszuführen. Hannas Gelübde gegenüber Gott formulierte sie folgendermaßen: ‚*HERR der Heerscharen! Wenn du das Elend deiner Magd ansehen und meiner gedenken und deine Magd nicht vergessen wirst und deiner Magd einen männlichen Nachkommen geben wirst, so will ich ihn dem HERRN alle Tage seines Lebens geben. Und kein Schermesser soll auf sein Haupt kommen*‘ (1. Samuel 11,1).

Mit diesem Gelübde weihte sie nicht nur ihren Erstgeborenen dem HERRN der Heerscharen, sondern legte gleichzeitig schon die Basis für den besonderen Dienst, den Samuel als Richter für Israel ausüben sollte. Ohne ihre tiefe Verzweiflung hätte sie ihren erstgeborenen Sohn Gott nicht geweiht. Somit bewirkten ihre Tränen, dass Gott das ausführen konnte, was er vor Grundlegung der Welt im Buch des Lebens über Samuel aufgeschrieben hatte. Füge hier in deinen Notizen Hannas prophetischen Lobpreis ein, den sie nicht nur über Samuel proklamierte“, forderte mich Jesus auf.

Mein Herz jubelt über den HERRN,
er hat mich wieder aufgerichtet und mich gestärkt!
Jetzt kann ich über meine Feinde lachen.
Ich bin voller Freude, weil er mir geholfen hat.
Der HERR allein ist heilig; es gibt keinen Gott außer ihm.
Auf nichts ist so felsenfest Verlass wie auf ihn, unseren Gott.
Tut nicht so groß! Spielt euch nicht so auf!
Prahlt nicht so frech mit euren Plänen!
Der HERR ist ein Gott, der euer Treiben kennt;
er prüft alle eure Taten.
Starken Männern zerbricht er die Waffen;

Schwachen und Entmutigten gibt er neue Kraft.
Reiche müssen auf einmal ihr Brot mit eigener Hand verdienen;
Arme müssen nicht mehr hungern und können feiern.
Die Frau, die kinderlos war, bringt sieben Kinder zur Welt,
doch die Kinderreiche behält nicht eines.
Der HERR tötet und macht lebendig,
er verbannt in die Totenwelt
und er ruft aus dem Tod ins Leben zurück.
Er macht arm und er macht reich,
er bringt die einen zu Fall und andere erhöht er.
Die Armen holt er aus der Not,
die Hilflosen heraus aus ihrem Elend;
er lässt sie aufsteigen in den Kreis der Angesehenen
und gibt ihnen einen Ehrenplatz.
Denn die Grundpfeiler der Erde gehören dem HERRN;
auf ihnen hat er die Erde errichtet.
Der HERR leitet und schützt alle, die ihm vertrauen;
aber seine Feinde enden in Finsternis,
denn kein Mensch erreicht etwas aus eigener Kraft.
Alle, die mit dem HERRN streiten, gehen zugrunde;
er lässt im Himmel seinen Donner gegen sie grollen.
Der HERR hält Gericht über die ganze Erde.
Er hat seinen König erwählt und gesalbt,
darum gibt er ihm große Kraft.
(1. Samuel 2,1-10 GNB).

Jesus fuhr mit seiner Erklärung fort: „So hat Hanna, inspiriert vom Heiligen Geist, weit über den Dienst ihres Sohnes Samuel, als dem letzten Richter von Israel, hinaus prophezeit. Ohne Samuel wäre David nicht als König gesalbt worden. Wiederum ein Beispiel dafür, wie Tränen, die von Herzen kamen, Gott ermöglichten, eine Segenslinie über viele Generationen hinweg zu etablieren. Doch gehen wir noch zu einer anderen Glasvitrine, dort wartet eine Überraschung auf dich."

Die Tränen von Hiob

Jesus setzte sich in Bewegung und ging mit mir nach rechts, fast bis ganz an den Rand des Tales der Tränen. Dadurch, dass hier der Boden schon leicht anstieg, waren die Glasvitrinen etwas erhöht gegenüber den anderen. Während wir noch unterwegs waren, kam ein Mann, in prächtige Gewänder gekleidet, herbei. Jesus unterhielt sich mit ihm in einer Sprache, die ich nicht verstand. Als wir an einer bestimmten Glasvitrine anhielten, drehten sich Jesus und der Mann zu mir um.

„Darf ich dir Hiob aus der Wolke der Zeugen vorstellen, Markus?", fragte Jesus mich. Jetzt war ich sprachlos, mir klappte buchstäblich die Kinnlade herunter. Zu meinem Erstaunen kam Hiob auf mich zu, umarmte mich und begrüßte mich herzlich. „Oh ja, danke ... Hallo Hiob", stammelte ich vor mich hin. Als ich mich wieder gefangen hatte, fragte ich Jesus: „Wieso konnte ich vorhin, als du mit Hiob gesprochen hast, nichts verstehen? Und jetzt kann ich ihn auf einmal doch verstehen? Ich bin darüber schon etwas verwirrt." Jesus erwiderte mir: „In dem Moment, in dem ich dir Hiob vorgestellt habe, funktionierte die Kommunikation automatisch über mich. Du sprichst immer noch in deiner Muttersprache und Hiob in seiner himmlischen Sprache. Ich bzw. der Heilige Geist übersetzten es dir im Hintergrund, ohne dass du etwas davon bemerkst."

„Das ist ja phantastisch, dass es hier im Himmel keine Sprachbarrieren mehr gibt. Vielen Dank, Jesus, dass durch dich die babylonische Sprachverwirrung aufgehoben wurde und damit nicht mehr existiert, auch nicht für mich in dieser Vision." Zu Hiob gewandt, sagte ich: „Ich vermute einmal, diese Glasvitrine mit den Phiolen sind die von dir und deiner Familie?" Jesus nickte und bedeutete mit einer Geste, dass Hiob mir antworten sollte.

„Du hast das richtig vermutet, Markus", antwortete mir Hiob. „Hier sind die Tränen von mir und meiner Familie über mehrere Generationen hinweg aufbewahrt. Als Satan meinen Besitz zerstörte, meine Kinder ermordete und mich mit einer üblen Krankheit schlug, habe ich viel geweint. Dann kamen auch noch meine drei Freunde und haben mir schwer zugesetzt mit ihren Spekulationen, warum mir das alles passiert ist. *‚Meine Gefährten verspotten mich. Zu Gott blickt mein Auge mit Tränen auf‘* (Hiob 16,20).“ Ich blickte zu Jesus hinüber: „Darf ich Hiob ein paar Fragen stellen?“ „Ja natürlich, deswegen habe ich dieses Treffen mit Hiob und dir arrangiert“, antwortete Jesus mir.

Ich wandte mich wieder an Hiob und fragte ihn: „In der Bibel wird beschrieben, dass Satan der Urheber der Angriffe auf dich und deine Familie war.[5] Wusstes du das zu diesem Zeitpunkt?“ „Nein, davon wusste ich nichts“, antwortete Hiob. „Ich hatte eine unbestimmte Ahnung davon, dass hier etwas nicht stimmen konnte. Aber konkret wusste ich nichts von dem, was in der unsichtbaren Welt passierte und zu den Angriffen auf mich führte. Diese Information bekam ich erst geoffenbart, nachdem ich Gott im Wirbelsturm erkannt hatte. Gott schenkte mir eine Vision aus der Vergangenheit, sodass ich den Anfang des Buches Hiob ergänzen konnte.“

Ich fragte Hiob weiter: „Du beschreibst sehr detailliert die Begegnung vor Gott mit den Söhnen Gottes und Satan. Wie konntest du das so beschreiben? Hat Gott dir die Worte diktiert?“ Hiob lächelte und erwiderte mir: „Dank Gott konnte ich in diese Dimension hineinsehen und alles Gesprochene hören. Es war so, als wäre ich selbst anwesend. So wie mir Jesus das erklärt hat, war es ähnlich, wie du gerade diese Vision hier empfängst. Für dich ist es jedoch einfacher, solche und andere Visionen zu empfangen. Der Heilige Geist, der, im Gegensatz zu mir damals, permanent in dir wohnt, ermöglicht es dir.“ Jesus nickte an dieser Stelle zustimmend.

„Und dann kamen deine drei Freunde ...?“, fragte ich. „Ja, das Beste am Besuch meiner Freunde war für mich, dass sie sieben Tage und sieben Nächte lang schwiegen, als sie mich in meinem Leiden erkannt hatten (vgl. Hiob 2,13). Auch ihre Tränen über mich und meine prekäre Situation sind hier in dieser Glasvitrine in weiteren Phiolen gespeichert. Leider brachen meine Freunde dann ihr Schweigen und setzten mir mit ihren Vorhaltungen so zu,

---

[5] Hiob 1,1–2,10.

dass ich gezwungen war, mich vor ihnen für das Unglück, das mir unverschuldet zugestoßen war, zu rechtfertigen. Ich konnte ihnen erst dann vergeben, als mir Gott offenbarte, sie hätten nichts Wahres über Gott von sich gegeben (vgl. Hiob 42,7)," antwortete er mir.

„Wie hast du diesen Angriffen auf deinen Besitz, deine Familie und deine Gesundheit standgehalten?", fragte ich Hiob weiter. „Und wusstest du, dass dies ein Glaubenstest für dich war?"
„Dass dies ein Glaubenstest sein könnte, dämmerte mir erst, als ich von Gott die Offenbarung darüber bekam, wie diese Angriffe zustande gekommen waren. Vorher gingen keine meiner Gedanken in diese Richtung. Ich war vollauf damit beschäftigt, nicht einzuknicken und Gott zu verfluchen, wie es meine Frau mir nahegelegt hatte (vgl. Hiob 2,9)", fuhr Hiob fort, mir zu antworten. „Es hat lange gedauert, bis ich begriff, dass Gottes Gnade mir meinen Wohlstand ermöglicht hatte und nicht meine eigene Gerechtigkeit. Wie ich dem Schmerz standgehalten habe – das ist eine gute Frage. Genaugenommen müsstest du diese Frage Jesus stellen. Gott hat mich vor Grundlegung der Welt so geschaffen, dass ich dem standhalten konnte. Das wurde mir allerdings erst hier in der Ewigkeit in vollem Ausmaß bewusst. Doch in den tiefsten Tiefen meines Herzens war dieses Wissen bereits vorhanden. Das hat mich letztendlich dazu befähigt, durchzuhalten und nicht aufzugeben, obwohl ich Gott nur vom Hörensagen kannte (vgl. Hiob 42,5)."

Jesus ergänzte dazu: „Der Apostel Paulus hat dies in 1. Korinther 10,13 so formuliert:

> *Vergesst nicht, dass die Prüfungen, die ihr erlebt, die gleichen sind, vor denen alle Menschen stehen. Doch Gott ist treu. Er wird die Prüfung nicht so stark werden lassen, dass ihr nicht mehr widerstehen könnt. Wenn ihr auf die Probe gestellt werdet, wird er euch eine Möglichkeit zeigen, trotzdem standzuhalten* (NLB).

Das galt natürlich auch schon zu Zeiten Hiobs. Konkret bedeutet dies für meine Nachfolger: Vertraut ihr mir, dass ich euch auch in schwierigsten Situationen die Fähigkeit schenke, standzuhalten? Auf was werdet ihr euch in Krisensituationen verlassen? Auf eure eigene Stärke oder auf meine Stärke in euch? Oder wie es euch der Psalmist in Psalm 154,14 (LUT) überliefert hat:

Der HERR hält alle, die da fallen, und richtet alle auf, die niedergeschlagen sind.“

Soweit das äußerst interessante Gespräch mit Hiob. Mehr von Hiob gibt es noch im nächsten Kapitel mit den Offenbarungen über das zwölfdimensionale Schach. Ich verabschiedete mich von Hiob und ging mit Jesus wieder in Richtung der Säulenhalle. Dort war an der Breitseite oben in großen Buchstaben geschrieben: **DIE TRÄNEN DER APOSTEL UND PROPHETEN.**

Fragend schaute ich Jesus an. Er forderte mich auf: „Lass uns tiefer in die Halle hineingehen, dann werde ich dir erklären, was es mit dieser speziellen Säulenhalle auf sich hat. Hier ist ein besonderer Ort der Erinnerung an meine Apostel und Propheten. Es ist ein Ehrenplatz innerhalb des Tales der Tränen, wobei dies keine Wertung darstellt, welche Tränen wichtiger sind.“ Wir gingen einige Stufen hoch und dann zwischen zwei Säulen hindurch in den Innenbereich der lichtdurchfluteten Säulenhalle. Dort befanden sich weitere Vitrinen mit Phiolen für Tränen. Jedoch waren die Phiolen und die Glasvitrinen weitaus kunstvoller verziert als außerhalb der Halle.

Jesus wandte sich zu einer Glasvitrine rechts neben uns und nahm eine der Phiolen heraus. Zu meinem Erstaunen waren in diesem Gefäß keine Tränen gespeichert. „Ich dachte, hier würden Tränen in den Phiolen aufbewahrt. Sind die Tränen hier vielleicht ausgelaufen?“, fragte ich Jesus.

„Dies ist eine besondere Phiole mit den ‚nicht geweinten Tränen‘ des Propheten Hesekiel: *‚Menschensohn, siehe, ich nehme die in deinen Augen Begehrenswerte* [deine Frau] *von dir weg durch plötzlichen Tod. Du aber sollst nicht klagen und nicht weinen, und keine Träne soll dir kommen‘* (Hesekiel 24,16). Das war eine schwierige Aufforderung von Gott zu einer prophetischen Handlung für meinen Propheten Hesekiel. Als Zeichen für das bevorstehende Gericht über Jerusalem und den Tempel sollte Hesekiel keine Träne über den Verlust seiner Frau vergießen. Als das Volk Israel ihn erstaunt fragte, warum er sich so seltsam verhalten würde, gab Hesekiel meine Worte weiter:

> *‚Sage zum Haus Israel: So spricht der Herr, HERR: Siehe, ich entweihe mein Heiligtum, den Stolz eurer Macht, das in euren Augen Begehrenswerte und das Verlangen eurer Seele. Und eure Söhne und eure Töchter, die ihr zurückgelassen habt, werden durchs Schwert fallen. Dann werdet ihr tun, wie ich getan habe: den Bart werdet ihr nicht verhüllen und Brot der Trauer nicht essen, und eure Kopfbunde werden auf euren Köpfen bleiben und eure Schuhe an euren Füßen. Ihr werdet nicht klagen und nicht weinen, sondern werdet dahinschwinden in euren Sünden und seufzen einer zum andern hin‘* (Hesekiel 24,21-23).

Da das Volk nicht auf mich hören wollte, sollte mein Prophet Hesekiel ein Zeichen setzen: *‚So wird Hesekiel für euch zum Wahrzeichen werden; nach allem, was er getan hat, werdet ihr tun. Wenn es kommt, dann werdet ihr erkennen, dass ich der Herr, HERR, bin‘* (Hesekiel 24,24). Daher ist diese Phiole mit den zurückgehaltenen Tränen der Trauer Hesekiels über den Verlust seiner Frau hier aufbewahrt. Ein Prophet des HERRN zu sein, ist nicht immer einfach. In meinen Wehe-Rufen gegen die Pharisäer und Schriftgelehrten habe ich dies deutlich zum Ausdruck gebracht: *‚Wehe euch! Denn ihr baut die Grabmäler der Propheten, eure Väter aber haben sie getötet. Darum hat auch die Weisheit Gottes gesagt: Ich werde Propheten und Apostel zu ihnen senden, und einige von ihnen werden sie töten und verfolgen, damit das Blut aller Propheten, das von Grundlegung der Welt an vergossen worden ist, von diesem Geschlecht gefordert werde‘* (Lukas 11,47.49.50).

Du siehst, das Tal der Tränen dient nicht nur zur Erinnerung und Ehrung, sondern ist auch ein Zeugnis im gerechten Gericht Gottes gegenüber denen, die diese Tränen verursacht haben. Doch es gibt noch andere hier aufbewahrte Tränen. Lass uns zu einer der nächsten Vitrinen gehen", unterbrach Jesus seine Erklärungen, legte die Phiole mit den nicht geweinten Tränen Hesekiels zurück an seinen Platz und begab sich zu einer anderen Vitrine. Er nahm wiederum eine Phiole in die Hand und begann mir die Geschichte der Tränen darin zu erklären:

„Dies sind die Tränen, die mein Prophet Elisa geweint hat, weil ich ihm gezeigt habe, was in Zukunft geschehen wird. Der kranke König Ben-Hadad von Aram hatte davon gehört, dass Elisa nach Damaskus gekommen war. ‚*Da sagte der König zu Hasaël: Nimm ein Geschenk mit dir und geh dem Mann Gottes entgegen und befrage den HERRN durch ihn und sage: Werde ich von dieser Krankheit genesen?*' (2. Könige 8,11). Hasaël ging mit vielen Geschenken bepackt zu Elisa, um ihm im Auftrag des Königs diese Frage zu stellen. ‚*Elisa sagte zu ihm: Geh hin, sage ihm: Du wirst bestimmt genesen!*[6] *Aber der HERR hat mich sehen lassen, dass er stirbt, ja dass er stirbt. Dabei starrte er* [Elisa] *unbeweglich vor sich hin und war über die Maßen entsetzt. Dann weinte der Mann Gottes. Da sagte Hasaël: Warum weint mein Herr? Er sagte: Weil ich erkannt habe, was du den Söhnen Israel Böses antun wirst: Ihre festen Städte wirst du in Brand stecken und ihre jungen [wehrfähigen] Männer mit dem Schwert erschlagen und ihre Kinder wirst du zerschmettern und ihre Schwangeren aufschlitzen. Da sagte Hasaël: Was ist dein Knecht, der Hund, dass er eine so große Sache tun könnte? Elisa aber sagte: Der HERR hat mich dich sehen lassen als König über Aram*' (2. Könige 8,10-13).

Elisa hat dem Boten Hasaël nicht nur die Antwort auf den Gesundheitszustand seines Königs Ben-Hadad gegeben, sondern ihm auch mitgeteilt, was im Anschluss daran passieren würde. Das Gericht Gottes über Israel, in diesem Fall ausgeführt durch Hasaël, brachte Elisa zum Weinen. Er wusste, dass Israel von seinem Götzendienst nicht umkehren und dies das Gericht Gottes durch Hasaël auslösen würde. Du siehst an diesem Beispiel von

[6] Dies klingt so, als ob Hasaël den König anlügen solle. Die Neue Evangelistische Übersetzung gibt dazu folgende Erklärung in der Fußnote: „Die Krankheit würde er überwinden können, aber er muss eines unnatürlichen Todes sterben."

Elisa, dass ein Blick in die Zukunft sehr belastend sein kann", beendete Jesus seine Erklärungen zu Elisas Tränen. Er stellte die Phiole wieder an ihren Platz und ging mit mir ein Stück weiter. Dort nahm er eine weitere Phiole aus einer Glasvitrine, um sie mir zu zeigen.

Diese war größer und mit sehr vielen Tränen gefüllt. „Dies ist die Phiole mit den Tränen meines Propheten Jeremia", begann Jesus mit seinen Erklärungen. „Sie enthält deswegen so viele Tränen, weil Jeremia das Leid des Volkes Israel über die Zerstörung des Tempels und die Verbannung nach Babylon mit ansehen musste. *‚Schrei laut um Hilfe zum Herrn, stöhne, du Tochter Zion! Lass wie einen Bach die Tränen rinnen Tag und Nacht! Gönne dir keine Ruhe! Dein Augapfel stehe nicht still!‘* (Klagelieder 2,18). Jeremia hatte das jüdische Volk mehr als einmal in meinem Auftrag vor dem kommenden Gericht Gottes über Jerusalem gewarnt, aber vergeblich. Anstatt auf meine Warnung durch Jeremia zu hören, warfen sie ihn ins Gefängnis. *‚Und die Obersten gerieten in Zorn über Jeremia und schlugen ihn, und sie warfen ihn ins Gefängnis im Haus des Schreibers Jonatan; denn das hatten sie zum Gefängnis gemacht. So kam Jeremia in das Haus der Zisterne, und zwar in die Gewölbe. Dort saß Jeremia viele Tage‘* (Jeremia 37,15-16).

Und es kam sogar noch schlimmer für Jeremia: *‚Und die Obersten sagten zum König: Dieser Mann muss getötet werden, da er ja die Hände der Kriegsleute nur schlaff macht, die in dieser Stadt übrig geblieben sind, und die Hände des ganzen Volkes, indem er nach all diesen Worten zu ihnen redet. Denn dieser Mann sucht nicht den Frieden, sondern das Unheil dieses Volkes‘* (Jeremia 38,4).

Durch ihren Götzendienst waren die Obersten des Volkes damals so massiv verblendet, dass sie die Ursache des Konfliktes, nämlich ihre Sünden gegenüber Gott, komplett verdrängten und ihre Probleme stattdessen Jeremia anhängten. Jeremia hingegen war diese Situation durchaus bewusst: *‚Und Jeremia sagte zu* [dem König] *Zedekia: Wenn ich es dir mitteile, wirst du mich dann nicht mit Sicherheit töten? Wenn ich dir aber einen*

Rat erteile, wirst du doch nicht auf mich hören' (Jeremia 38,15). Wie der weise Salomo sagte: ,*Doch im Grunde gibt es überhaupt nichts Neues unter der Sonne. Was gewesen ist, das wird wieder sein; was getan wurde, das wird wieder getan'* (Prediger 1,9). Obwohl Jeremia genau wusste, dass das Gericht über Jerusalem hereinbrechen würde, blieb er bei dem Volk: ,*Und Jeremia blieb im Wachhof bis zu dem Tag, an dem Jerusalem eingenommen wurde'* (Jeremia 28,39)."

Jesus sah mich ernst an: „Wer hört heute noch auf die ernste Warnung, die ich zu Lebzeiten ausgesprochen habe: ,*Denn wie sie in jenen Tagen vor der Flut waren: – sie aßen und tranken, sie heirateten und verheirateten bis zu dem Tag, da Noah in die Arche ging und sie es nicht erkannten, bis die Flut kam und alle wegraffte –, so wird auch die Ankunft des Sohnes des Menschen sein* (Matthäus 24,38)? Leider meinen auch viele Christen, es ginge immer so weiter wie bisher. Was für ein fataler Fehler! Das zweite Mal komme ich auf diese Erde, um alles zu richten, damit ein Neuanfang möglich wird.

Doch zurück zu meinem Propheten Jeremia. Er hatte mehr Ansehen bei den Feinden als beim eigenen Volk. Und über Jeremia gab Nebukadnezar, der König von Babel, durch den Obersten der Leibwache, den Befehl: ,*Nimm ihn und richte deine Augen auf ihn und tu ihm ja nichts Böses an, sondern wie er zu dir reden wird, so tu mit ihm!'* (Jeremia 39,11-12). Der Heide Nebukadnezar akzeptierte und achtete Jeremia als jemanden, der das Wort Gottes weitergab, im Gegensatz zu dem Volk Israel.

Als dann der Überrest Israels nach Ägypten fliehen wollte, kamen sie auf den Gedanken, doch erstmal Jeremia zu fragen. Nachdem alles eingetroffen war, was er prophezeit hatte, hatten sie Jeremia vordergründig als Propheten anerkannt. ,*Lass doch unser Flehen vor dich kommen und bete für uns zum HERRN, deinem Gott, für diesen ganzen Rest – denn nur wenige sind wir, die von vielen übrig geblieben sind, wie deine Augen sehen –, dass der HERR, dein Gott, uns den Weg mitteilt, auf dem wir gehen, und die Sache, die wir tun sollen'* (Jeremia 42,2-3).

Doch die Herzen des Überrestes waren weiterhin verstockt. Nach zehn Tagen gab Jeremia meine Antwort an sie weiter: ‚*So spricht der HERR, der Gott Israels, zu dem ihr mich gesandt habt, um euer Flehen vor ihn kommen zu lassen: Wenn ihr in diesem Land wohnen bleibt, dann werde ich euch aufbauen und nicht abbrechen und euch pflanzen und nicht ausreißen*‘ (Jeremia 42,9-10). Sollte der Überrest des Volkes von Juda mein Erbarmen ablehnen, so ließ ich ihnen durch Jeremia die Konsequenzen davon aufzeigen: ‚*So spricht der HERR der Heerscharen, der Gott Israels: Wenn ihr euer Gesicht wirklich dahin richtet, nach Ägypten zu ziehen, und hinzieht, um euch dort als Fremde aufzuhalten, dann wird es geschehen, dass das Schwert, vor dem ihr euch fürchtet, euch dort, im Land Ägypten, erreichen wird*‘ (Jeremia 42,15-16).

Trotz allem wählten sie anstelle von Gottes Erbarmen den Fluch: ‚*Und so hörten Johanan, der Sohn des Kareach, und alle Heerobersten und das ganze Volk nicht auf den Befehl des HERRN, im Land Juda zu bleiben*‘ (Jeremia 43,4). Somit hatten sie ihr Schicksal besiegelt. Jeremias Verbundenheit mit seinem Volk war indes so groß, dass er trotzdem mit ihnen nach Ägypten zog.

Du kannst dir sicherlich vorstellen, wie leidvoll die ganze Situation für Jeremia war. Er hat sehr viele Tränen darüber vergossen. Auch hat Jeremia ein ganzes Buch, die Klagelieder, über dieses Leid geschrieben. Daher ist diese Phiole von Jeremia größer als die meisten anderen mit ihren gespeicherten Tränen. Doch lass uns noch weitergehen zu der nächsten Glasvitrine.“

Ich ging, sehr nachdenklich geworden, mit Jesus weiter zu einer anderen Vitrine. Gottes Propheten hatten wahrlich keinen einfachen Job, weder in der Vergangenheit noch heutzutage. Als ich in der Nähe der Tränen von Jeremia war, konnte ich deutlich die darin gespeicherte Ablehnung fühlen. Das Volk Gottes hatte nicht nur Jeremia abgelehnt, sondern – viel schlimmer noch – Gott selbst, der sich über sie erbarmen wollte. Sie zogen den Fluch dem Segen Gottes vor. Fatalerweise ist das heute vielfach genauso, daher haben es Propheten aktuell genauso schwer, wenn sie weitergeben, was Gott auf seinem Herzen hat. Diese Erfahrung musste ich auch schon öfters machen.

Die Tränen von Petrus und Paulus

Wir machten Halt an einer weiteren Glasvitrine. Oberflächlich gesehen waren hier wiederum Tränen gespeichert, doch es ging eine besondere Emotion von diesen Tränen aus. Jesus bemerkte natürlich, dass die Tränen in dieser Phiole eine starke Emotion auf mich übertrugen. Er begann mir zu erklären: „Dies sind die Tränen von meinem Apostel Petrus, die er weinte, als er mich verraten hat: ‚*Und Petrus ging hinaus und weinte bitterlich*‘ (Lukas 22,62). Dieses bitterliche Weinen spürst du gerade als ein heftiges Gefühl."

„Oh ja", entgegnete ich Jesus, „dann ist mir klar, warum diese Tränen eine solche starke Emotion ausstrahlen. Ich finde das äußerst faszinierend, dass diese Tränen von Petrus auch nach über 2000 Jahren diese gespeicherten Gefühle von ihm ausstrahlen können." Jesus erklärte mir weiter: „Petrus weinte nicht nur bitterlich, für ihn war seine komplette Welt zusammengebrochen. Seine Illusion, notfalls sogar für mich zu sterben, wurde mit der ernüchternden Realität seines Verrates konfrontiert. Denn kurz zuvor hatte Petrus mir noch versichert, dass er mich nicht verleugnen würde, selbst wenn er dafür sterben müsse[7] – und dann dieser Verrat!

Doch diese Tränen der Reue waren notwendig für Petrus. Auf der einen Seite führten sie zu dem völligen Zerrbruch seines Egos, auf der anderen Seite war dies die Voraussetzung dafür, dass ich ihn nach meiner Auferstehung als Hirten für meine Schafe und Lämmer einsetzen konnte (vgl. Johannes 21,15-18). In der Folge befähigte dies Petrus dazu, mir für die Ausgießung des Heiligen Geistes an Pfingsten zu dienen (vgl. Apostelgeschichte 2). Es gilt immer noch, was ich gesagt habe: ‚*Genauso freuen sich die Engel Gottes über einen einzigen Sünder, der ein*

---

[7] *Petrus spricht zu ihm: Selbst wenn ich mit dir sterben müsste, werde ich dich nicht verleugnen* (Matthäus 26,35a).

neues Leben anfängt' (Lukas 15,10 GNB)." Erstaunt bemerkte ich: „Was für ein Kontrast! Petrus weinte bitterlich und die Engel Gottes feiern ein Fest. Diesen Zusammenhang habe ich so noch nie gesehen."

Jesus lächelte und erwiderte mir: „Was zuerst wie ein fürchterliches Versagen für Petrus ausgesehen hat, war die Basis dafür, dass ich ihn nicht nur an Pfingsten gebrauchen konnte, sondern dass er auch das Evangelium zu den Heiden bringen konnte (vgl. Apostelgeschichte 10). Du siehst, alles ist miteinander verbunden. Deswegen haben die Engel Gottes ein Fest gefeiert. Das konnten sie deswegen tun, weil sie durch mich die Sicht aus der Ewigkeit haben.

In diesen Tränen hier sind alle Erinnerungen an diesen Verrat gespeichert, für alle Ewigkeit. Deswegen geht von diesen Tränen solch eine Emotion aus. Nicht nur der Zerrbruch von Petrus, die anschließende Buße und Umkehr, sondern auch die Freude, was daraus geworden ist. Damit hat sich Psalm 126,5 erfüllt: *‚Die mit Tränen säen, werden mit Jubel ernten.'* Wie einige eurer Wissenschaftler herausgefunden haben, kann Wasser sehr wohl Emotionen speichern."[8]

Jesus ging weiter und nahm eine weitere Phiole in die Hand, um sie mir zu zeigen. Auch von dieser gingen viele starke und unterschiedliche Emotionen aus. Jesus begann mir zu erklären: „Dies ist die Phiole meines Apostels Paulus. Durch Paulus konnte ich viele Gemeinden gründen, in denen ich das Haupt war. War das nicht eine erstaunliche Wendung von einem Christenmörder zu einem Apostel und Hirten meiner Herde? Paulus nahm meinen Auftrag sehr ernst. *‚Darum wacht und denkt daran, dass ich drei Jahre lang Nacht und Tag nicht aufgehört habe, einen jeden unter Tränen zu ermahnen'* (Apostelgeschichte 20,31).

Bei den vielen Gemeinden, die Paulus in meinem Auftrag gegründet hatte, konnte er natürlich nicht in jeder Gemeinde physisch präsent sein. Einerseits antwortete Paulus mit Briefen auf Missstände, über die er informiert wurde. (Leider werden

[8] Siehe hierzu die Experimente von Masaru Emoto mit Wasser, Wikipedia, 02.05.2023: https://de.wikipedia.org/wiki/Masaru_Emoto.

heute noch vielfach Dinge in seine Briefe hineininterpretiert und theologische Dogmen daraus entwickelt, anstatt mich bzw. den Heiligen Geist zu fragen, wie das von Paulus Geschriebene heute anzuwenden ist.) Andererseits war sein Dienst als Fürbitter viel wichtiger für die Gemeinde als seine Briefe. ‚*Deshalb höre auch ich, nachdem ich von eurem Glauben an den Herrn Jesus und von eurer Liebe zu allen Heiligen gehört habe, nicht auf, für euch zu danken, und ich gedenke euer in meinen Gebeten*' (Epheser 1,15-16). Was für eine Hingabe an den Hirtendienst in meinem Namen! Diese Emotionen der Tränen seiner Hingabe an die Gemeinde spürst du gerade. Statt theologische Kontroversen aus seinen Briefen abzuleiten, sollten sich die Pastoren lieber an dieser Hingabe von Paulus an seinen Hirtendienst orientieren. Wenn sich jemand darauf einlässt, dann wird das Wort Gottes, aufgeschrieben in den Briefen von Paulus, lebendig und wirksam. Dann bringt es die Frucht, für die ich es Paulus gegeben habe."

Die Tränen von Jesus

Jesus stellte die Phiole mit den Tränen von Paulus wieder vorsichtig zurück in die Glasvitrine und ging zur Mitte der Säulenhalle. Dort befand sich nur eine große Phiole in einer besonderen Glasvitrine. Diese Vitrine hatte die Form eines edlen Glaspodestes. Auf dem Weg dorthin spürte ich schon mächtige Emotionen, die von den Tränen in dieser Phiole ausgingen. Als wir uns ihr auf ein paar Meter genähert hatten, konnte ich nicht mehr weitergehen, sondern sank zuerst auf meine Knie und musste mich dann komplett hinlegen. Was von dieser Phiole an Gefühlen ausging, war dermaßen intensiv, dass ich keine Kraft mehr hatte, stehen zu bleiben.

Jesus bemerkte natürlich, dass ich zusammengebrochen war. Er drehte sich zu mir um, beugte sich über mich und berührte meine Schulter mit seiner rechten Hand. Dadurch floss Kraft von ihm in mich hinein, sodass ich langsam wieder zur Besinnung kam. Zumindest konnte ich mich nun aufsetzen. Jesus begann seine Erklärung über das, was gerade passiert war: „Das ist in

Ordnung, Markus, bleibe hier für einen Moment sitzen. Diese Phiole enthält meine Tränen, als ich als Mensch auf der Erde weilte. Die darin gespeicherten Emotionen sind selbst in einer Vision überwältigend. Du brauchst noch etwas Erholung unter meiner Kraft, sodass du wieder aufstehen kannst.

‚Und als er [Jesus] sich näherte und die Stadt sah, weinte er über sie [Jerusalem] und sprach: Wenn auch du an diesem Tag erkannt hättest, was zum Frieden dient! Jetzt aber ist es vor deinen Augen verborgen. Denn Tage werden über dich kommen, da werden deine Feinde einen Wall um dich aufschütten und dich umzingeln und dich von allen Seiten einengen‘ (Lukas 19,41-43).

‚Jerusalem, Jerusalem, die da tötet die Propheten und steinigt, die zu ihr gesandt sind! Wie oft habe ich deine Kinder versammeln wollen, wie eine Henne ihre Küken versammelt unter ihre Flügel, und ihr habt nicht gewollt!‘ (Matthäus 23,37).

In dieser Phiole sind unter anderem die Tränen gespeichert, die ich über Jerusalem und seine Bewohner geweint habe. Durch den Heiligen Geist konnte ich in diesem Moment sehen, wie Jerusalem in der Zukunft durch die römischen Soldaten komplett zerstört werden würde. Ein bisschen getröstet hat mich, dass zumindest die, die mir nachgefolgt waren, meine Prophetie ernstgenommen haben und rechtzeitig vor der kompletten Zerstörung durch die Römer aus der Stadt geflohen sind.

Was dich emotional besonders überlastet hat, waren jedoch meine ‚Schweißtränen‘ aus dem Garten Gethsemane: *‚Und als er* [Jesus] *in Angst* [im Kampf] *war, betete er heftiger. Es wurde aber sein Schweiß wie große Blutstropfen, die auf die Erde herabfielen‘* (Lukas 22,44). Auch diese ‚Schweißtränen‘ wie Blut sind hier in der Phiole gespeichert. Ich brauchte damals die Hilfe von Engeln, um Gethsemane durchzustehen. Da ich prophetisch durch den Heiligen Geist sehen konnte, was ich in den nächsten Stunden durchleiden musste, war dies mein heftigster Kampf auf Erden. Nur meine innige Verbindung und Treue zu meinem Vater ließ mich diesen Kampf durchstehen. ‚*Vater, wenn du willst, nimm diesen Kelch von mir weg – doch nicht mein Wille, sondern der deine geschehe!*“ (Lukas 22,44).

Der Hebräerbrief (5,7-8 GNB) beschreibt meine Hingabe an den Vater: ‚*Als er* [Jesus] *noch auf der Erde lebte, hat Jesus sich im Gebet mit Bitten und Flehen* [die Elberfelder Bibel übersetzt hier ‚mit starkem Geschrei‘) *an Gott gewandt, der ihn vom Tod retten konnte; mit lautem Rufen und unter Tränen hat er seine Not vor ihn gebracht. Weil er treu zu Gott hielt, ist er schließlich auch erhört worden. Und doch: Obwohl er Gottes Sohn war, hat er zunächst durch das, was er durchmachen musste, Gehorsam gelernt.*‘“

Immer noch ziemlich kraftlos entgegnete ich Jesus: „Du hast recht, selbst in einer Vision im Geist ist das für mich kaum auszuhalten. Danke, dass du Gethsemane und Golgatha auf dich genommen hast. Aus Liebe zu deinem Vater und zu uns Menschen, damit wir gerettet werden können.“[9] Jesu rechte Hand lag immer noch auf meiner Schulter. Nachdem ich diese Emotionen erlebt hatte, kam mir seine Stimme noch tröstender, wärmer und barmherziger vor. Er beauftragte einen Engel, mir lebendiges Wasser zu bringen, was dieser sofort tat. Jesus führte den Becher an meinen Mund und gab mir zu trinken.

„Trinke langsam!“, forderte Jesus mich auf. „Du brauchst noch eine Zeit, bis du wieder komplett zu Kräften gekommen bist. Wenn du dich ausgeruht hast, gehen wir weiter durch das Tal der Tränen.“ Das lebendige Wasser stärkte mich. Jesus half mir auf die Beine, sodass ich wieder stehen konnte, wenn auch noch etwas wackelig. „Ist das auch in der Ewigkeit noch so, dass es mich dermaßen zerlegen würde, wenn ich wieder an diesen Ort zurückkehrte?“, fragte ich Jesus. „Nein, dann bist du komplett verwandelt und kannst mit diesen Gefühlen umgehen, ohne zusammenzuklappen.“

Nachdem wir uns von dieser Phiole mit den Tränen von Jesus in der Mitte der Halle entfernt hatten, war mein Schwächeanfall vorüber. Wir gingen aus der Säulenhalle hinaus und wanderten

---

[9] Siehe Anhang A: „Von der Finsternis zum Licht“.

weiter durch das Tal der Tränen. Mir fiel ein Seitental auf, das von diesem großen Tränental abzweigte, allerdings konnte ich dort nichts erkennen. „Was ist das für ein Seitental, das ich nicht überblicken kann?“, fragte ich Jesus.

„In diesem Tal werden die Tränen der derzeit auf der Erde lebenden Menschen gespeichert. Auch deine Tränen befinden sich darunter“, antwortete Jesus mir. „Der Psalmist hat es folgendermaßen ausgedrückt: *‚Höre mein Gebet, HERR, und vernimm mein Schreien; schweige nicht zu meinen Tränen!‘* (Psalm 39,13). Diese Gebete und die Tränen dazu sind in diesem Seitental gespeichert. Wenn ein Mensch seinen Lauf vollendet hat, bringt ein Engel die Phiole mit den gesammelten Tränen seines Lebens vom Seitental in dieses Tal. Am Ende, wenn ich alles neu gemacht habe, wird kein Seitental mehr existieren. Dann gibt es nur noch dieses Tal der Tränen zur Erinnerung.

Da du noch nicht komplett transformiert bist, könntest du in deinem jetzigen Zustand die Begegnung mit den in den Tränen gespeicherten Emotionen nicht ertragen. Dazu sind noch viel mehr Trost und innere Heilung vom Heiligen Geist notwendig. Je mehr du dich mit Hilfe des Heiligen Geistes deinen inneren Verletzungen und Traumata stellen kannst, umso heiler wirst du in deinem Herzen werden[10] und desto mehr Emotionen kannst du verkraften. Wir sind jetzt am Ende deiner Vision über das Tal der Tränen angekommen. Sage deinen Lesern noch Folgendes:

> *Denn ich, das Lamm, das in der Mitte des Thrones ist, werde euch hüten und euch leiten zu Wasserquellen des Lebens, und Gott, mein Vater, wird jede Träne von euren Augen abwischen.*[11]“

So beendete Jesus seine Erklärungen.

---

[10] Hilfe für innere Heilung und Befreiung findest du in folgendem Buch: „Handbuch für innere Heilung und Befreiung: Wie dein Herz wieder lebendig wird“, Jennifer Eivaz, GloryWorld-Medien 2023.

[11] Nach Offenbarung 7,17.

Kapitel 11

Multidimensionales Schach (12 D)

Ich fragte Jesus bezüglich der gerade vermehrt stattfindenden und an Intensität zunehmenden geistlichen Kämpfe, da es für mich vordergründig so aussieht, dass wir als Jesu Nachfolger jede Menge Schlachten gegen die Mächte der Finsternis verloren haben (wie z. B. die letzte Pandemie). Mich interessierte die Sicht von Jesus Christus auf die aktuellen weltlichen Ereignisse.

Daraufhin lud mich Jesus in einer Vision ein, ihm wieder zu folgen. Wir befanden uns offensichtlich im Inneren eines Berges, da ich die Wände eines leeren Raumes erkennen konnte. „Wo sind wir hier genau?“, fragte ich Jesus. „Wir befinden uns hier im Berg Zion. Du kannst dies hier mit einem Hauptquartier für die geistliche Schlacht[1], die auf der Erde um die Herzen der Menschen tobt, vergleichen. Ich werde dir die Endzeitschlacht Zug um Zug anhand von Bildern erklären, die du verstehen kannst. Je weiter ich mit meiner Erklärung fortfahre, desto mehr wirst du hier in diesem Raum erkennen können. Ohne mich siehst du hier nur einen leeren Raum in einem Berg.“

„Korrekt“, erwiderte ich Jesus, „ich erkenne nur einen leeren Raum. Allerdings, als du anfingst, über den Raum zu sprechen, fingen alle Wände an, golden zu leuchten. Sonst könnte ich nicht

---

[1] Eine Kommandozentrale ist ein Gebäude, Raum, Zelt oder eine sonstige, speziell eingerichtete Örtlichkeit, welche dazu dient, militärische und/oder technische Vorgänge zentral zu steuern und zu koordinieren. Im militärischen Sinne ist die Kommandozentrale das Hauptquartier. In Kriegsschiffen spricht man von Operationszentrale. – Wikipedia, 9.5.2023.

mal erkennen, dass dies ein leerer Raum ist. Ich danke dir jetzt schon für alle deine Offenbarungen, die du mir schenken wirst, damit ich hier etwas sehen kann.“ Jesus lächelte und erwiderte mir: „Es war klug von dir, um Offenbarungen zu dem letzten Buch der Bibel ‚Die Offenbarung des Johannes‘ zu bitten.

Ich hatte dir dazu schon erklärt, dass sich dieses Buch nur aus der Sicht von mir als dem obersten Richter im himmlischen Gerichtshof erklären lässt. Heute zeige ich dir eine weitere Ebene des Verständnisses über den geistlichen Kampf, der im Hintergrund stattfindet. Ich setze derzeit Offenbarungen über das Buch der Offenbarung des Johannes frei. Das mache ich mit unterschiedlichen Bildern, sodass es die Empfänger verstehen können. Zum Beispiel als Landkartentisch, an den die Engel kommen, von mir Befehle erhalten und dann auf die Erde gehen, um diese auszuführen.

Du kennst sicher das Schachspiel?“, fragte mich Jesus, und ich erwiderte: „Ja, ich kann Schach spielen, aber nicht sonderlich gut.“ Er fuhr fort: „Für diese Vision ist es nicht notwendig, ein guter Schachspieler zu sein.[2] Wichtig für diese Vision ist nur, dass es jeweils einen guten, weißen König (als Vertreter des Königreiches Gottes) und einen bösen, schwarzen König (als Vertreter der Mächte der Finsternis) inklusive der weiteren weißen und schwarzen Spieler gibt. Der geistliche Kampf ist natürlich weit komplizierter, als ich es dir hier zeigen kann. Der wichtigste Unterschied zu dem irdischen Schachspiel ist, dass dieses Spiel sich über mehrere Ebenen erstreckt.[3] Beginnen wir also mit dem ‚Spiel‘: Was siehst du jetzt? Schau bitte genau hin!“

---

[2] Schach (von persisch شاه šāh, ‚Schah, König‘ – daher die Bezeichnung „das königliche Spiel“) oder Schachspiel ist ein strategisches Brettspiel, bei dem zwei Spieler abwechselnd Spielsteine (die Schachfiguren) auf einem Spielbrett (dem Schachbrett) bewegen. Ziel des Spiels ist es, den Gegner schachmatt zu setzen, das heißt, dessen König so anzugreifen, dass diesem weder Abwehr noch Flucht möglich ist. – Wikipedia, 2.1.2023.

[3] Was Jesus hier zum Ausdruck brachte, erinnerte mich an das 3D-Schach, das ich in einer Episode von „Raumschiff Enterprise“ gesehen hatte. „Unter dem Begriff 3D-Schach (dreidimensionales Schach) fasst man alle Schachvarianten zusammen, die das „normale“ (zweidimensionale) Schach um eine Koordina-

Ich beschreibe Jesus, was ich sehe: „Ich sehe in der Mitte des Raumes ein Schachspiel, das offensichtlich gespielt wird, da sowohl die weißen als auch die schwarzen Figuren sich nicht mehr in der Ausgangsposition befinden und sich ab und zu auch bewegen. Wer die Figuren bewegt, sehe ich jedoch nicht. Das Schachbrett, auf dem gespielt wird, ist halb transparent und leuchtet aus sich heraus. Die schwarzen und weißen Felder sind jedoch noch gut erkennbar. Interessant ist, dass dieses Schachbrett mit den Figuren nicht auf dem Boden liegt, sondern frei im Raum schwebt. So, als ob es an etwas befestigt wäre, was ich derzeit noch nicht sehen kann."

„Gut beobachtet, das mit dem schwebenden Schachbrett", sagte Jesus. Er machte eine Handbewegung und sofort konnte ich so etwas wie eine Wendeltreppe erkennen. Diese Wendeltreppe war um einen großen, transparenten Zylinder angeordnet und bestand aus zwölf „Schachbrett-Stufen". Die unterste Stufe war das leuchtende Schachbrett, das ich zuerst wahrgenommen hatte. Der transparente Zylinder in der Mitte war so groß, dass Jesus und ich bequem dort hätten hineingehen können, um die diversen Schachspiele, aufgereiht wie Stufen auf einer Wendeltreppe, von innen heraus zu beobachten.

„Genau, Markus, richtig vermutet!", lobt mich Jesus. „Wir wollen jetzt tatsächlich in das Innere der Wendeltreppe hineingehen, damit ich dir eine innere Sicht auf das geben kann, was du als geistliche Kämpfe bezeichnest. Von dort aus kannst du besser die Zusammenhänge beobachten, die ich dir offenbaren will", führte Jesus seine Erklärungen fort. Wir begaben uns zusammen in das Innere der Wendeltreppe. Die erste Stufe mit dem leuchtenden Schachbrett war von mir aus gesehen auf der Höhe meiner Knie. Ich musste meinen Blick schrittweise nach oben richten, um die weiter oben auftauchenden Schachbretter zu sehen.

Während wir in die Wendeltreppe hineingingen, erschienen auf Stufe zwei und drei ebenfalls leuchtende Schachbretter mit

---

tenachse erweitern. Neben unterschiedlicher Anzahl und Anordnung der Felder gibt es für die meisten 3D-Schachspiele auch verschiedene Regelwerke." – Wikipedia, 9.5.2023.

schwarzen und weißen Figuren darauf. Auch hier war jeweils eine Partie im Gange. Es fehlten auch schon einige Figuren auf beiden Seiten. „Was hat das zu bedeuten?“, fragte ich Jesus erstaunt. „Wieso sehe ich jetzt drei Schachbretter auf verschiedenen Ebenen?“

„Dies versinnbildlicht den irdischen Kampf auf drei Ebenen, er ist sozusagen dreidimensional und entspricht damit eurer

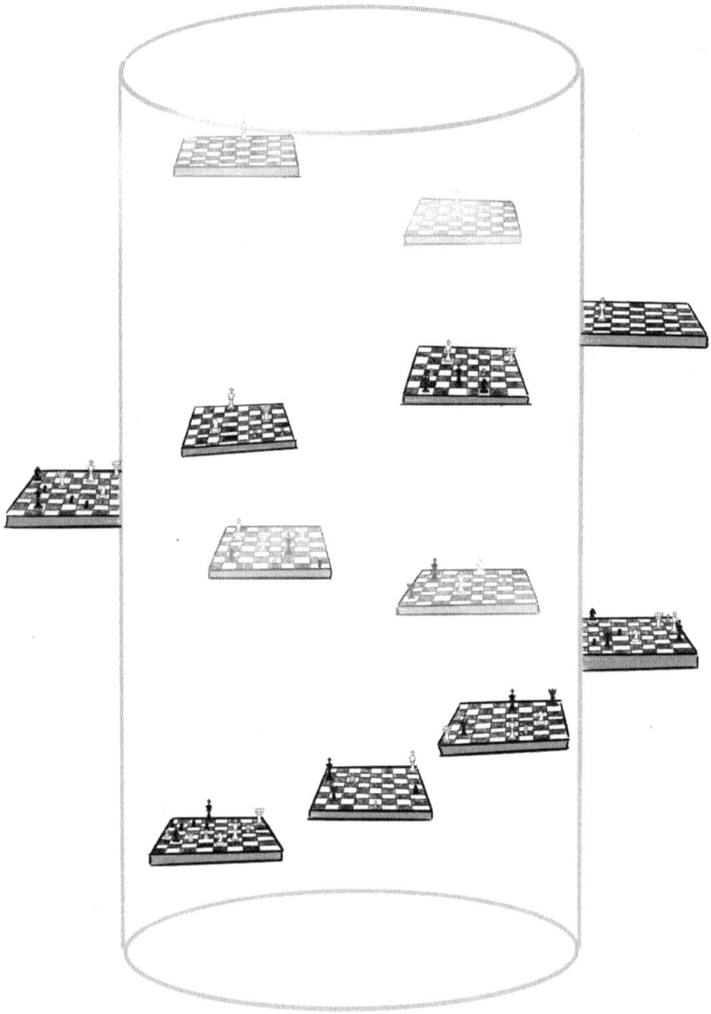

irdischen Situation. Der allererste Kampf war der von Adam und Eva mit Satan im Paradies. Sie verloren das von Gott an sie übertragene irdische Königreich (Eden) an die Schlange, die für Satan und seine Mächte der Finsternis steht. Die Kriege um die Seelen bzw. Herzen der Menschen sind im Laufe der Jahrtausende sowohl strategischer als auch immer brutaler geworden, siehe nur den Dreißigjährigen Krieg und die beiden Weltkriege. Jedoch gab es auch davor schon große Kriege, von denen ihr in euren Geschichtsbüchern nichts findet.

Allein auf der irdischen Ebene ist der Krieg um die Seelen[4] bzw. Herzen der Menschen von meinen Nachfolgern nicht zu gewinnen. Die zweitausend Jahre nach meiner Menschwerdung, meinem Tod und meiner Auferstehung dürften das eindeutig belegt haben. Oft wurde sinnbildlich ein ganzes Spielfeld abgeräumt, siehe den gerade erwähnten Dreißigjährigen Krieg. Die Figuren, die für die nächsten Generationen stehen, mussten danach neu positioniert werden. Was ihr euch nur schwer vorstellen könnt, sind die generationsübergreifenden Pläne und Strategien des Teufels und seiner Handlanger, um nicht nur die Menschheit, sondern die ganze Schöpfung Gottes zu ihren finsteren Zwecken zu vereinnahmen.

Doch nun schau nochmal genauer hin!“, forderte Jesus mich auf. Ich konzentrierte mich auf die Wendeltreppe. Da tauchten wie aus dem Nichts drei weitere leuchtende Schachbretter mit Figuren auf den Stufen vier bis sechs auf. Die Figuren waren für mich nicht mehr so deutlich zu erkennen wie die auf den unteren Ebenen. Doch auch hier waren sie aufgeteilt in weiße und schwarze. Auch auf diesen Brettern waren Schachspiele im Gang. Ich wandte mich mit meiner Mutmaßung an Jesus: „Da du die ersten drei Stufen mit den irdischen Dimensionen verglichen hast, scheint das Schachspiel um weitere drei Dimensionen erweitert worden zu sein.“

---

4 *Was nützt es, die ganze Welt zu gewinnen und dabei seine Seele zu verlieren? Gibt es etwas Kostbareres als die Seele?* (Matthäus 16,26 NLB).
Was nützt es, die ganze Welt zu gewinnen, aber dabei an der eigenen Seele Schaden zu nehmen oder sie zu verlieren? (Lukas 9,25 NLB).

Zeit ist nicht das, was sie zu sein scheint

„Du hast richtig geraten", erwiderte Jesus mir. „Die finsteren Mächte haben zusammen mit ihren irdischen Handlangern ihre Strategien auf weitere Dimensionen ausgedehnt. Bei der vierten Dimension handelt es sich um die Zeit. Eine der Zeitmanipulationen der Mächte der Finsternis ist in Daniel 10,12-13 beschrieben: ‚*Und er* [ein Engel] *sprach zu mir: Fürchte dich nicht, Daniel! Denn vom ersten Tag an, als du dein Herz darauf gerichtet hast, Verständnis zu erlangen und dich vor deinem Gott zu demütigen, sind deine Worte erhört worden. Und um deiner Worte willen bin ich gekommen. Aber der Fürst des Königreichs Persien stand mir 21 Tage entgegen. Und siehe, Michael, einer der ersten Fürsten, kam, um mir zu helfen, und ich wurde dort entbehrlich bei den Königen von Persien.*' Mittlerweile haben diese ‚Fürsten' noch ganz andere Möglichkeiten gefunden, die Zeit zu manipulieren als damals bei Daniel.

Da Gott die Zeit aus der Ewigkeit heraus geschaffen hat (vgl. 1. Mose 5), bin ich selbstverständlich Herr über die Zeit. Dass die Zeit nicht immer linear abläuft, habe ich an zwei Stellen in der Bibel dokumentieren lassen: ‚*Die Sonne blieb stehen mitten am Himmel und beeilte sich nicht unterzugehen, ungefähr einen ganzen Tag lang*' (Josua 10,13b). ‚*Und dies ist das Zeichen, das der HERR dir als Beweis dafür gibt, dass er sein Versprechen, das er gegeben hat, halten wird: Ich werde den Schatten an der Sonnenuhr von Ahas zehn Striche, die er bereits gezogen ist, rückwärts wandern lassen! – Und die Sonne wanderte zehn Striche*[5] *an der Sonnenuhr zurück, die sie bereits gelaufen war!*' (Jesaja 38,7-8). Du siehst an diesen Begebenheiten, dass die Zeit nicht so starr ist, wie ihr dies im Allgemeinen annehmt."[6]

---

[5] Das Zurückgehen der Sonnenuhr um zehn Winkelgrade entspricht einer Verlängerung von diesem Tag um 40 Minuten.

[6] Vgl.: Artikel aus Forschung und Wissen: Physiker lassen Zeit rückwärts laufen. Quelle: https://www.forschung-und-wissen.de/nachrichten/physik/physiker-lassen-zeit-rueckwaertslaufen-13377087

„Das kann ich bestätigen“, erwiderte ich Jesus. „Auch ich habe schon seltsame Zeitphänomene persönlich erlebt. Als ich mich mit einem Engel auf der Insel Terschelling in den Niederlanden unterhalten habe, schien die Zeit langsamer abzulaufen als gewöhnlich.[7] Es war so, als wäre die Zeit gedehnt worden. Ein anderes Mal war ich bei einem Gebetsspaziergang für meinen Gebetspartner eine Zeit lang nicht mehr sichtbar, obwohl ich ihn noch sehen konnte. Auch bestätigt uns die Wissenschaft, dass die Zeit abhängig von der Geschwindigkeit ist. In einem schnell fliegenden Raumschiff läuft die Zeit langsamer ab als hier bei uns auf der Erde.“[8]

Künstliche Intelligenz

Jesus fuhr fort: „Aufgrund des technischen Fortschrittes, insbesondere der Digitalisierung, setzen die finsteren Mächte heute zum Zweck der globalen Kontrolle zunehmend auf künstliche Intelligenz. Je weiter die Menschen die Forschung und den Einsatz von künstlicher Intelligenz vorantreiben, desto weniger verstehen sie die Entscheidungen, die diese Computerprogramme treffen. Es gibt einige Filmemacher, die auf die Problematik hingewiesen haben, wenn eine KI anstelle des Menschen existenzielle Entscheidungen trifft (siehe z. B. die Filmreihe ‚Terminator‘[9]). Der überbordende Einsatz von Künstlicher Intelligenz

---

[7] Beschrieben in meinem ersten Buch im Kapitel „Spaziergang mit einem Engel“.

[8] Die Zeitdilatation (von lat.: dilatare, ‚dehnen‘, ‚aufschieben‘) ist ein Effekt, der durch die Relativitätstheorie beschrieben wird. Die Zeitdilatation bewirkt, dass alle inneren Prozesse eines physikalischen Systems relativ zum Beobachter langsamer ablaufen, wenn sich dieses System relativ zum Beobachter bewegt. Das bedeutet, dass auch Uhren, die sich relativ zum Beobachter bewegen, langsamer gehen als Uhren, die relativ zum Beobachter ruhen. Dieser Effekt ist umso stärker, je größer die Relativgeschwindigkeit ist. Der Maßstab ist die Lichtgeschwindigkeit. – Wikipedia, 4.10.2023.

[9] Die Hintergrundgeschichte zur Terminator-Serie des Regisseurs und Drehbuchautors James Cameron aus dem Jahr 1984: Im Jahr 2029 ist die Erde infolge eines Atomkrieges, der in einem nuklearen Holocaust gipfelte, verwüstet und der Großteil der Menschheit ausgelöscht. Von Menschen entwickelte intelligente Maschinenwesen begannen als Kriegsmaschinen den Krieg gegen ihre

wird die Menschheit von sich abhängig machen und beschleunigt in ihren Untergang führen. Dabei kann niemand einem Computer vorwerfen, böse zu sein. Aber eine Seele hat er nicht. Alle Entscheidungen werden ‚sachlich' getroffen. Aber Menschen sind keine Sachen. Selbst wenn man das komplette Wissen der Menschheit in eine Künstliche Intelligenz[10] einprogrammieren könnte, wäre diese Programmierung im Vergleich zu der Weisheit Gottes wie ein Tropfen im Ozean."

Betroffen erwiderte ich Jesus: „In Matthäus 12,30 steht: ‚*Wer nicht für dich ist, der ist gegen dich, und wer nicht mit dir Menschen für Gott gewinnt, der führt sie in die Irre.*' Das gilt offensichtlich gerade auch für die Wissenschaft." „Ja, Markus, deine Schlussfolgerung ist richtig. Anstatt dass die Menschen sich in ihrer Not an mich wenden, erhoffen sie sich Lösungen von Experten und Wissenschaftlern. Die letzten drei Jahre der sich zuspitzenden Krisen dürfte klar und deutlich gezeigt haben, dass dies ein fataler Irrweg ist", führte Jesus weiter aus. „Doch damit nicht genug. Wenden wir uns der nächsten Ebene zu, der fünften Dimension."

„Ich habe gelesen, dass ein Quantencomputer[11] zur fünften Dimension gezählt wird. Angeblich soll darin ‚außerirdische'

Schöpfer, als sie in diesen eine Bedrohung für ihre eigene Existenz vermuteten. Den Überlebenden des Krieges bleibt die Wahl, den Maschinen als Arbeitssklaven zu dienen oder sich dem Widerstand der Menschen, der Resistance, anzuschließen. – Wikipedia, 4.1.2023.

[10] Künstliche Intelligenz (KI), auch artifizielle Intelligenz (AI bzw. A. I.), englisch artificial intelligence, ist ein Teilgebiet der Informatik, das sich mit der Automatisierung intelligenten Verhaltens und dem maschinellen Lernen befasst. Der Begriff ist schwierig zu definieren, da es bereits an einer genauen Definition von „Intelligenz" mangelt. Dennoch wird er in Forschung und Entwicklung verwendet. Meist bezeichnet künstliche Intelligenz den Versuch, bestimmte Entscheidungsstrukturen des Menschen nachzubilden, indem z. B. ein Computer so gebaut und programmiert wird, dass er relativ eigenständig Probleme bearbeiten kann. – Wikipedia, 4.1.2023.

[11] Ein Quantenprozessor bzw. Quantencomputer ist ein Prozessor, der die Gesetze der Quantenmechanik nutzt. Im Unterschied zum klassischen Computer arbeitet er nicht auf der Basis makroskopischer Zustände elektronischer Schaltkreise, sondern quantenmechanischer Zustände geeigneter Systeme. Hierbei sind erstens das Superpositionsprinzip (d. h. die quantenmechanische Kohä-

Technologie verbaut sein. Gehört das zum Spiel auf der fünften Ebene?", fragte ich Jesus und er nickte: „Ein Quantencomputer gehört zur fünften Ebene, weil die Quantentechnik Energien, Frequenzen und Felder benutzt, die höher als alle darunter liegenden Ebenen sind. Jede höhere Ebene beherrscht die darunterliegende und eröffnet neue Möglichkeiten. Das Schachspiel auf der fünften Ebene ist, genau wie die Quantentechnologie, für eure physischen Augen unsichtbar. Manches erscheint daher wie Magie.

Eine Anmerkung zu der angeblich ‚außerirdischen' Technologie, die in Quantencomputern verbaut sein soll: Wenn du Dämonen bzw. gefallene Engel und deren Wissen als ‚außerirdisch' bezeichnest, dann ist diese Aussage korrekt. Seit den Zeiten Noahs haben die gefallen Engel den Menschen Wissen und Technologie weitergegeben, für die sie nicht reif waren und es heute immer noch nicht sind. Es gibt ‚dunkle Technologie', die nicht in die Hände von Menschen gehört. Anstatt sich an Gott zu wenden, vertrauen die Menschen jedoch lieber den ‚Gaben' der Mächte der Finsternis, die ihnen vordergründig Macht verleihen. Kurzfristig mögen diese Gaben und okkulten Techniken die Menschen weiterbringen, mittel- bzw. langfristig führen sie aber nur tiefer und schneller ins Verderben.

Manche Technik und Kraft der fünften Ebene kann zum Wohle der Menschheit eingesetzt werden, jedoch braucht es sowohl göttliche Offenbarung als auch Legitimation, sich in dieser Dimension zu bewegen. Einem Menschen auf der dreidimensionalen Ebene Werkzeuge der fünften Dimension in die Hände zu

---

renz, analog zu den Kohärenzeffekten, siehe z. B. Holographie, in der sonst inkohärenten Optik) und zweitens die Quantenverschränkung von Bedeutung. Theoretische Studien zeigen, dass unter Ausnutzung dieser Effekte bestimmte Probleme der Informatik, z. B. die Suche in extrem großen Datenbanken (siehe Grover-Algorithmus) und die Faktorisierung großer Zahlen (siehe Shor-Algorithmus) effizienter gelöst werden können als mit klassischen Computern. Dies würde es ermöglichen, die Berechnungszeit für viele mathematische und physikalische Problemstellungen deutlich zu verringern. – Wikipedia, 4.1.2023.

legen, ist ein kosmisches Verbrechen und eine höchste Gefahr. Im Buch Henoch[12] ist diese Gefahr eindringlich beschrieben.

In Matthäus 16,26 (HfA) steht geschrieben: ‚*Was hat ein Mensch denn davon, wenn ihm die ganze Welt zufällt, er selbst dabei aber seine Seele verliert? Er kann sie ja nicht wieder zurückkaufen!*‘ Dazu noch Offenbarung 18,9-13: ‚*Und es werden um sie* [das System Babylon und Mammon] *weinen und wehklagen die Könige der Erde, die mit ihr Unzucht getrieben haben und üppig gewesen sind, wenn sie den Rauch ihres Brandes sehen; und sie werden aus Furcht vor ihrer Qual weitab stehen und sagen: Wehe, wehe! Die große Stadt, Babylon, die starke Stadt! Denn in einer Stunde ist dein Gericht gekommen. Und die Kaufleute der Erde weinen und trauern um sie, weil niemand mehr ihre Ware kauft: Ware von ... Leibeigenen und Menschenseelen.*‘

Der Preis, den Satan und seine negativen Mächte für ihre ‚Gaben‘ und Geschäfte verlangen, sind unter anderem die Seelen der Menschen, die sich an sie binden. Doch in Matthäus 10,28 sagte ich: ‚*Habt keine Angst vor den Menschen, die zwar den Körper, aber nicht die Seele töten können! Fürchtet vielmehr Gott, der beide, Leib und Seele, dem ewigen Verderben in der Hölle ausliefern kann.*‘[13] Babylon handelt so lange mit Menschenseelen, bis sein Imperium gefallen ist.

Bis zur sechsten Ebene haben Satan und seine Mächte der Finsternis Zugriff, weil die Menschen ihnen die Möglichkeit dazu gegeben haben, auch wenn ihnen das nicht bewusst ist. Die Mehrdimensionalität des Menschen ist kein Fach in der Schule. Darum erscheint es vielen so, als gäbe es keine weiteren Dimensionen als die ersten drei. Auf die Ebene 7 bis 12 haben die Menschen und damit auch die Mächte der Finsternis nur einen sehr eingeschränkten Zugriff.“

---

[12] Eine von Thaddäus Schneider überarbeitete Version des Buches Henoch kann auf Deutsch hier als PDF-Dokument heruntergeladen werden: https://evangelienharmonie.jimdofree.com/ (Dazu auf dieser Webseite nach unten scrollen und auf „Das äthiopische Buch Henoch“ klicken.)

[13] Als Erklärung hierfür vgl. das vorherige Kapitel: „Wer schuf die Hölle?“ in diesem Buch.

Während Jesus dies alles erklärt, stehen wir mitten in den Schachbrettern der Dimensionen. Auch auf der Ebene sieben bis zwölf wird etwas „gespielt". Aber was? Im nächsten Abschnitt wird etwas mehr Licht in die Sache gebracht.

Hiob wendet sich an Gott als Richter

Jesus wendet sich wieder dem Thema des multidimensionalen Schachspiels zu und erklärt mir: „Charakteristisch für diese Multidimensionalität ist, dass ein Zug auf einer höheren Ebene eine komplette Neuaufstellung auf den darunter liegenden Ebenen bewirken kann. Die Positionen werden neu verteilt – bis dahin, dass das Spiel komplett neu von vorne gestartet wird. Was im Irdischen wie eine komplette Niederlage aussehen kann, wendet sich aufgrund des ‚Spiels' auf einer höheren Ebene plötzlich und unerwartet zum Guten. Genau deswegen sollt ihr den Himmel auf die Erde bringen (vgl. Matthäus 6,10), auch wenn ihr derzeit nicht gänzlich die Komplexität dessen begreifen könnt.

Lass mich dir ein paar Beispiele dafür geben, Markus. Wie du im Buch Hiob nachlesen kannst, hat Satan dem gerechten Hiob (vgl. Hiob 1,8 und 22) schwer zugesetzt. Fast sein ganzer Besitz wurde gestohlen, und bis auf seine Frau kam seine ganze Familie ums Leben. Zusätzlich durfte Satan Hiobs Gesundheit antasten, ihn jedoch nicht töten (vgl. Hiob 2,5-6). Und um dieses Übel auf die Spitze zu treiben, haben Hiob dann noch seine drei Freunde mit ihren falschen Spekulationen, warum ihm das passiert ist, hart zugesetzt. Ich habe diesen Glaubenstest für Hiob zugelassen, weil die Herausforderung Gottes von Satan auf der himmlischen Ebene, hier in diesem Vergleich mit den Schachbrettern Ebene fünf und höher, massive Auswirkungen im irdischen Bereich hatte.[14]

Um bei dem Beispiel mit dem mehrdimensionalen Schachspiel zu bleiben, hat sich Hiob, nachdem er erkannt hatte, dass seine eigene Gerechtigkeit nicht ausreichte, um im Gericht zu

[14] Siehe hierzu auch Hiobs Tränen in dem Kapitel „Die besonderen Tränen von Hanna und Hiob" in diesem Buch.

bestehen, an Gott, den gerechten Richter, gewandt. Hiob formulierte dies in Kapitel 9, Vers 20 so: ‚*Wenn ich auch im Recht wäre, mein Mund würde mich verurteilen; wäre ich auch rechtschaffen, er würde mich schuldig sprechen.*' Ihm war klar geworden, dass er einen Rechtsbeistand vor Gott dem Richter brauchen würde. Genau das hat er in Kapitel 19, Vers 25 dann zum Ausdruck gebracht: ‚*Doch ich weiß: Mein Erlöser lebt; und als der Letzte wird er über dem Staub stehen.*' Hiob verstand, dass Gott nicht mit eigener Gerechtigkeit zu beeinflussen war, ja, dass er nicht einmal an ihr interessiert war.

Gott stellte Hiob 30 Fragen, auf die er keine Antwort wusste. Es fiel ihm wie Schuppen von den Augen, dass er Gott nicht erkannt und durch all seine religiösen Bemühungen auch nicht gefunden hatte. Er musste den Unterschied zwischen Selbstgerechtigkeit und Gnade erst erkennen.

Hier findest du die erste ‚Blaupause' für meine Nachfolger, um sich an Gott als den gerechten Richter zu wenden. Als Gott Hiob im Sturm erschien, hat er alle Anklagen gegenüber Gott zurückgenommen (siehe Hiob 40,3-5) und seine Allmacht anerkannt: ‚*Da antwortete Hiob dem HERRN: Nun weiß ich, dass du alles kannst, kein Vorhaben ist für dich undurchführbar. ‚Wer ist es, der Gottes weisen Plan ohne Verstand verdunkelt?' Ja, ich habe in Unkenntnis über Dinge geurteilt, die zu wunderbar für mich sind, ohne mir darüber im Klaren zu sein. Du hast gesagt: ›Hör zu, ich will reden! Ich will dir Fragen stellen, und du sollst sie mir beantworten.‹ Bisher kannte ich dich nur vom Hörensagen, doch jetzt habe ich dich mit eigenen Augen gesehen. Darum widerrufe ich, was ich gesagt habe, und bereue in Staub und Asche*' (Hiob 42,1-6 NLB). Das ist wahre Demut auf Grund einer Begegnung mit Gott.

Diese Demut hat Hiob am Ende in die Position gebracht, Fürbitte für seine drei Freunde zu tun. Der Zorn Gottes entbrannte gegenüber Hiobs Freunden, weil sie nichts Wahres über ihn geredet hatten, im Gegensatz zu Hiob (vgl. Hiob 42,7-9). Vers 42,9b drückt dies wunderbar aus: ‚*Und der HERR nahm Hiob an.*' Damit hatte Hiob nicht nur den Zorn Gottes über seine

Freunde abgewandt, sondern es ermöglichte Gott auch, ihn mehr zu segnen als vorher (vgl. Hiob 42,10-17). Damit sollte klar sein, dass die höhere Ebene, also die himmlische Dimension, die niedere menschliche Ebene komplett ändern kann. Vergebung, Heilung und Gottes Segen konnten vom Himmel zur Erde fließen, nachdem Satan besiegt worden war.

Was zuerst wie eine totale Niederlage für Hiob auf der irdischen Ebene ausgesehen hatte, wurde durch die Einbeziehung der höheren Ebene (des Himmels) in einen Sieg für Hiob verwandelt, der nicht nur ihn, sondern viele weitere Generationen nach ihm gesegnet hat (Ebene der Zeit), bis heute. Nach 2. Mose 20,6 (NLB) kann dies sehr weit in die Zukunft reichen: ‚*Denen aber, die mich lieben und meine Gebote befolgen, werde ich bis in die tausendste Generation gnädig sein.*'

Zeitlich gesehen wären wir mit der tausendsten Generation auf jeden Fall in meinem neuen Bund angelangt", erklärte Jesus mir. „Im Vaterunser[15] sagte ich zu meinen Jüngern unter anderem, sie sollten beten: ‚*Dein Reich komme; dein Wille geschehe, wie im Himmel, so auch auf Erden!*' (Matthäus 5,10). Dadurch, dass Hiob den Glaubenstest bestanden hat, konnte Gott nicht nur seine direkten Nachkommen segnen, sondern Hiobs Handeln hat massive Auswirkungen bis in deine Generation hinein und darüber hinaus. Um wieder zum Beispiel des mehrdimensionalen Schachspiels zurückzukommen, hatte die Intervention über eine höhere Dimension nicht nur auf die irdische Situation Auswirkungen, sondern über die Zeit bis heute", schloss Jesus seine Ausführungen über Hiob.

Josef – vom Träumer zum Herrscher

Ich stand mit Jesus zusammen immer noch in der Mitte der Wendeltreppe zwischen den zwölf Schachbrettern. Ich konnte jetzt viel mehr Bewegung auf den Spielfeldern der einzelnen Bretter erkennen. Auch was wie ein Schachmatt auf einer unteren

[15] Siehe hierzu auch das Kapitel „In der Dimension des ‚Vaterunsers'" in diesem Buch.

Ebene aussah, konnte durch einen Zug auf einer höheren Ebene plötzlich in einen Sieg verwandelt werden. „Ich werde dir ein weiteres Beispiel aus der Bibel dafür geben", begann Jesus erneut. „Ich erzähle dir jetzt aus dieser mehrdimensionalen, himmlischen Perspektive heraus die Geschichte von Josef. Bedenke zuerst, dass hier in der Ewigkeit die siebenjährige Hungersnot, die den Fortbestand des Volkes Israels damals bedrohte, natürlich schon bekannt war. Daher erfolgte durch zwei von Gott geschenkte Träume der erste Schachzug auf einer höheren Ebene, um Josef in Position zu bringen.

Sein Vater Israel (Jakob) liebte Josef mehr als all seine anderen Söhne, weil er ihm erst im Alter geboren worden war (siehe 1. Mose 27,3). Diese Liebe seines irdischen Vaters spiegelte die Liebe des himmlischen Vaters gut wider, was Josef in all den Bedrängnissen half, nicht aufzugeben. Leider führte die Liebe seines Vaters bei seinen Brüdern zu Neid und Hass auf ihn.

Im Alter von siebzehn Jahren schenkte Gott Josef zwei zukunftsweisende Träume: *‚Und Josef hatte einen Traum, den erzählte er seinen Brüdern; da hassten sie ihn noch mehr. Und er sagte zu ihnen: Hört doch diesen Traum, den ich gehabt habe: Siehe, wir banden Garben mitten auf dem Feld, und siehe, meine Garbe richtete sich auf und blieb auch aufrecht stehen; und siehe, eure Garben stellten sich ringsum auf und beugten sich vor meiner Garbe nieder‘* (1. Mose 37,2). Da sagten seine Brüder zu ihm: *‚Willst du etwa König über uns werden, willst du gar über uns herrschen? Und sie hassten ihn noch mehr wegen seiner Träume und wegen seiner Reden‘* (1. Mose 38,8). Statt Gott nach der Bedeutung dieses Traumes zu fragen, hassten die Brüder ihn noch mehr und schmiedeten finstere Pläne gegen Josef.

Da schenkte Gott ihm einen zweiten Traum: *‚Und er hatte noch einen anderen Traum, auch den erzählte er seinen Brüdern und sagte: Siehe, noch einen Traum hatte ich, und siehe, die Sonne und der Mond und elf Sterne beugten sich vor mir nieder‘* (1. Mose 37,9). Zu dieser Zeit war die Gabe der Interpretation von Träumen und welche Handlungen daraus in der Zukunft resultieren sollten, bei Josef noch nicht ausgeprägt, noch weniger bei seinen Brüdern. Die Rede Gottes in Träumen zu deuten, sollte sich durch Josefs nicht gerade einfache Ausbildung und Formung seines Charakters erst noch entwickeln.

Auch sein Vater fragte bei Gott nicht nach, was die beiden Träume zu bedeuten hatten: ‚*Und er erzählte es seinem Vater und seinen Brüdern. Da schrie ihn sein Vater an und sagte zu ihm: Was ist das für ein Traum, den du gehabt hast? Sollen wir etwa kommen, ich und deine Mutter und deine Brüder, um uns vor dir zur Erde niederzubeugen? Und seine Brüder waren eifersüchtig auf ihn; aber sein Vater bewahrte das Wort*' (1. Mose 39,10-11). Indem Israel (Jakob) dieses Wort bewahrte, konnte es in sein Herz gelangen und später die Frucht bringen, die Gott vorgesehen hatte. Er konnte die Rettungsmission seines Sohnes annehmen, sein Geburtsland verlassen und in der Hungersnot nach Ägypten ziehen.

Die finsteren Pläne der Brüder nahmen mehr und mehr Gestalt an: ‚*Als sie ihn* [Josef] *von ferne sahen und bevor er sich ihnen genähert hatte, da ersannen sie gegen ihn den Anschlag, ihn zu töten. Und sie sagten einer zum andern: Siehe, da kommt dieser Träumer! So kommt nun und lasst uns ihn erschlagen und ihn in eine der Zisternen werfen, und wir wollen sagen: Ein böses Tier hat ihn gefressen! Dann werden wir sehen, was aus seinen Träumen wird*' (1. Mose 37,18-20). Genau in diesem Moment passierte ein weiterer Schachzug auf höherer Ebene von Gott, sodass Josef nicht getötet wurde und seine zukünftige Bestimmung erfüllen konnte. Gott bewegte Ruben, den Erstgeborenen, zu folgender Intervention: ‚*Als Ruben das hörte, wollte er ihn aus ihrer Hand retten und sagte: Lasst uns ihn nicht totschlagen! Und Ruben sagte zu ihnen: Vergießt nicht Blut, werft ihn in diese Zisterne, die in der Wüste ist, aber legt nicht Hand an ihn! Das sagte er, damit er ihn aus ihrer Hand rettete, um ihn zu seinem Vater zurückzubringen*' (1. Mose 21-22).

Außer Ruben hatten die anderen Brüder es nicht aufgegeben, Josef zu ermorden. Daher war ein weiterer Schachzug auf einer höheren Ebene notwendig, um Josefs Leben zu bewahren. Dies musste zeitlich gesehen weit vorher passieren, um die Karawane so zu organisieren, dass sie zum richtigen Zeitpunkt an dem Ort vorbeiziehen würde, wo Josef in der Zisterne gefangen war. Sie war zudem mit dem richtigen Ziel unterwegs, nämlich Ägypten. ‚*Dann setzten sie* [Josefs Brüder] *sich, um zu essen. Und sie erhoben ihre Augen und sahen: Und siehe, eine Karawane von Ismaelitern kam von Gilead her; und ihre Kamele trugen verschiedene wohlriechende Harze, sie zogen hin, um es nach Ägypten hinabzubringen*‘ (1. Mose 37,25).

Erneut intervenierte der Himmel auf einer höheren Ebene zugunsten von Josef, diesmal durch Juda: ‚*Da sagte Juda zu seinen Brüdern: Was für ein Gewinn ist es, dass wir unseren Bruder erschlagen und sein Blut zudecken?*‘ (1. Mose 37,26). Immerhin war jetzt der Brudermord vom Tisch. ‚*Kommt, lasst uns ihn an die Ismaeliter verkaufen; aber unsere Hand sei nicht an ihm, denn unser Bruder, unser Fleisch ist er! Und seine Brüder hörten darauf*‘ (1. Mose 37,27). Da sie Josef auf keinen Fall laufen lassen wollten, befanden sie, er könnte er ihnen wenigstens Geld einbringen. ‚*Da kamen midianitische Männer vorüber, Händler, und sie zogen ihn heraus und holten Josef aus der Zisterne herauf. Und sie verkauften Josef an die Ismaeliter für zwanzig Silberstücke. Und sie brachten Josef nach Ägypten*‘ (1. Mose 37,28).

So war Josef gerade noch mit seinem Leben davongekommen. ‚*Und Josef war nach Ägypten hinabgeführt worden. Und Potifar, ein Kämmerer des Pharao, der Oberste der Leibwächter, ein Ägypter, kaufte ihn aus der Hand der Ismaeliter, die ihn dorthin hinabgeführt hatten*‘ (1. Mose 39,1). Dann kam Josef auf die nächste Ebene seiner Ausbildung und Charakterschulung. Dass Josef zu dieser Zeit in Gottes Bestimmung für sein Leben war, ist ihm wahrscheinlich nicht klar gewesen. Doch Gottes Plan für ihn hatte Auswirkungen auf seinen Dienst im Hause von Potifar. ‚*Der HERR aber war mit Josef, und er war ein Mann, dem alles gelang; und er blieb im Haus seines ägyptischen Herrn*‘ (1. Mose 39,2). Auch darin kannst du den Schachzug einer höheren Dimension erkennen, welcher sich auf die irdische Ebene auswirkte.

Den Mächten der Finsternis blieben diese Interventionen des Himmels nicht verborgen. Also starteten sie einen Gegenzug, um Josef außer Gefecht zu setzen. Dazu griffen sie von einer höheren Dimension aus ein, um die Frau Potifars für ihre finsteren Zwecke zu manipulieren. ‚*Josef aber war schön von Gestalt und schön von Aussehen. Und es geschah nach diesen Dingen, da warf die Frau seines Herrn ihre Augen auf Josef und sagte: Liege bei mir*‘ (1. Mose 39,6b-7). Das Böse wollte Josef durch die Frau des Potifar zu Ehebruch und Unzucht verführen.

Doch Josefs Charakter war schon so weit gefestigt, dass er der Versuchung standhalten konnte: ‚*Er* [Josef] *aber weigerte sich und sagte zu der Frau seines Herrn: Siehe, mein Herr kümmert sich um nichts bei mir im Haus; und alles, was er besitzt, hat er in meine Hand gegeben. Er selbst ist in diesem Haus nicht größer als ich, und er hat mir gar nichts vorenthalten als nur dich, weil du seine Frau bist. Wie sollte ich dieses große Unrecht tun und gegen Gott sündigen?*‘ (1. Mose 39,8-9). Es war Josef klar, dass er durch einen Ehebruch gegen den Willen Gottes verstoßen würde.

Durch Lügen und falsche Anschuldigungen brachte Potifars Frau ihren Mann dazu, Josef ins Gefängnis zu werfen. ‚*Und Josefs Herr nahm ihn und legte ihn ins Gefängnis, an den Ort, wo die Gefangenen des Königs gefangen lagen; und er war dort im Gefängnis*‘ (1. Mose 39,20). „Schachmatt!“, dachten die Mächte der Finsternis sicher in diesem Moment. „Jetzt haben wir Josef aus dem Weg geräumt.“ Doch sie hatten nicht mit einem weiteren Schachzug Gottes auf einer höheren Ebene gerechnet.

‚*Der HERR aber war mit Josef und wandte sich ihm in Treue zu und gab ihm Gunst in den Augen des Obersten des Gefängnisses. Und der Oberste des Gefängnisses übergab alle Gefangenen, die im Gefängnis waren, der Hand Josefs; und alles, was man dort tat, das veranlasste er*‘ (1. Mose 39;21-22). Gott stand treu zu seiner Verheißung, die er Josef in den beiden Träumen gezeigt hatte. Auch der Schachzug der Mächte der Finsternis konnte Gott nicht von seinem Plan abbringen, sondern wurde in ihn integriert.

Mittlerweile war Josef geistlich soweit gereift, dass er dazu in der Lage war, mit Gottes Hilfe Träume auszulegen. Die Gabe der Auslegung von prophetischen Träumen war wiederum ein Schachzug des Himmels auf einer höheren Ebene. Josef konnte diese übernatürliche Fähigkeit sowohl bei dem Mundschenk als auch bei dem Bäcker des Königs von Ägypten unter Beweis stellen. Seine Auslegung ihrer Träume traf exakt so ein, wie Josef es ihnen vorhergesagt hatte (vgl. 1. Mose 40). *‚Aber der Oberste der Mundschenke dachte nicht mehr an Josef und vergaß ihn‘* (1. Mose 40,23). Auch hier dachten die Mächte der Finsternis, sie hätten gesiegt, da Josef weiterhin im Gefängnis saß und der Mundschenk kein gutes Wort zu Gunsten Josefs beim Pharao eingelegt hatte.

Doch die Mächte der Finsternis hatten sich erneut verkalkuliert. Der Mundschenk war genau richtig positioniert und Gott konnte ihn durch eine weitere Intervention daran erinnern, dass Josef seinen Traum korrekt ausgelegt hatte. Nach zwei weiteren Jahren im Gefängnis war für Josef Gottes Zeit gekommen: *‚Es geschah aber am Ende von zwei vollen Jahren, da träumte der Pharao‘* (1. Mose 41,1). Da du, Markus, durch die Bibel die Geschichte kennst, hättest du dem Pharao seine Träume auslegen können. Doch das war damals auf der natürlichen Ebene für Josef nicht möglich. Nur durch seine übernatürliche Verbindung mit Gott war es Josef möglich, die Träume korrekt auszulegen.

Was der Pharao träumte, war eine Inspiration vom Himmel über zukünftige Ereignisse. *‚Und es geschah am Morgen, da war sein Geist voller Unruhe, und er sandte hin und ließ alle Wahrsagepriester Ägyptens und alle seine Weisen rufen; und der Pharao erzählte ihnen seine Träume, aber da war keiner, der sie dem Pharao deutete‘* (1. Mose 41,8). Pharaos Wahrsagern und Weisen war die Auslegung verborgen, sie mussten versagen.

Genau zu diesem Zeitpunkt konnte Gott über das Gewissen des Mundschenks Josef ins Spiel bringen. Er berichtete dem König: *‚Der Pharao war einst sehr zornig über seine Knechte und gab mich in Gewahrsam in das Haus des Obersten der Leibwächter, mich und den Obersten der Bäcker. Da hatten wir* *einen Traum in einer Nacht, ich und er; wir träumten jeder mit einer besonderen Deutung seines Traumes‘* (1. Mose 41,10-11). Sie hatten ihre eigenen Träume nicht auslegen können. Es hatte sich aber herumgesprochen, dass im Gefängnis ein Traumdeuter war. *‚Aber dort bei uns war ein junger Hebräer, ein Sklave des Obersten der Leibwächter, und wir erzählten ihm die Träume. Da deutete er uns unsere Träume, jeden deutete er nach seinem Traum. Und es geschah, wie er uns deutete, also ist es geschehen: Mich hat man wieder in meine Stellung eingesetzt, und ihn hat man gehängt‘* (1. Mose 41,12-13).

Die Reaktion des Pharaos auf diesen Schachzug des Himmels ließ nicht lange auf sich warten. *‚Sofort sandte der Pharao nach Josef und sie holten ihn aus dem Kerker. Er ließ sich die Haare schneiden, zog seine guten Kleider an und trat vor den Pharao. Der sagte zu ihm: ›Ich habe etwas geträumt, und niemand kann mir sagen, was es bedeutet. Man hat mir gesagt, dass du jeden Traum auf der Stelle deuten kannst.‹ ›Nicht ich!‹, erwiderte Josef. ›Die Antwort kommt von Gott, und er wird dem Pharao bestimmt etwas Gutes ankündigen.‹‘* (1. Mose 41,14-15 GNB).

Gemäß der übernatürlichen Gabe der Traumdeutung konnte Josef dem Pharao seine beiden Träume korrekt auslegen und gleichzeitig eine Empfehlung für eine weise Reaktion darauf geben: *‚Und dass der Traum zweimal an den Pharao erging, bedeutet, dass die Sache bei Gott fest beschlossen ist und dass Gott eilt, sie zu tun. Und nun sehe der Pharao nach einem verständigen und weisen Mann und setze ihn über das Land Ägypten. Der Pharao veranlasse, dass man Aufseher über das Land bestellt – und er erhebe den Fünften vom Land Ägypten in den sieben Jahren des Überflusses –, und sie sollen alle Nahrungsmittel dieser kommenden guten Jahre einsammeln und unter der Obhut des Pharao Getreide aufspeichern als Nahrungsmittel in den Städten und es dort aufbewahren‘* (1. Mose 41,32-35).

Beachte, Markus, dass Josef an dieser Stelle nicht gesagt hatte, der Pharao solle ihn über das Land Ägypten einsetzen. Dieser himmlische Schachzug bewegte das Herz des Pharaos dazu, Josef die Position seines Stellvertreters anzuvertrauen.

‚Und das Wort war gut in den Augen des Pharao und in den Augen aller seiner Diener. Und der Pharao sagte zu seinen Dienern: Haben wir je einen gefunden wie diesen, einen Mann, in dem der Geist Gottes ist?‘ (1. Mose 41,37-38). Dem Pharao und seinem ganzen Hof war in diesem Moment klar, dass hier eine höhere Macht als ihre ägyptischen Götter im Spiel war. Denn die Priester der Götter, die Wahrsager und Weisen hatten allesamt versagt und konnten die Träume des Königs nicht auslegen.

So hatte Gott nicht nur treu seine Vorhersagen in den beiden Träumen des siebzehnjährigen Josefs erfüllt, er hatte ihn auch als stellvertretenden Herrscher in Ägypten so positioniert, dass er in der Folge das Volk Israel vor der Hungersnot bewahren konnte. Zu seinen nach Ägypten gekommenen Brüdern sagte er: *‚Zwei Jahre herrscht nun schon Hungersnot, und es kommen noch fünf Jahre, in denen man die Felder nicht bestellen und keine Ernte einbringen kann. Deshalb hat Gott mich vorausgeschickt. Es ist sein Plan, euch und eure Nachkommen überleben zu lassen, damit er eine noch größere Rettungstat an euch vollbringen kann. Nicht ihr habt mich hierher gebracht, sondern Gott. Er hat es so gefügt, dass ich die rechte Hand des Pharaos geworden bin und sein ganzer Hof und ganz Ägypten mir unterstellt ist‘* (1. Mose 45,6-8).

Durch Josefs jahrelange Ausbildung im Zusammenhang mit den vielen Interventionen (Schachzügen) des Himmels, war sein Charakter von Gott so geformt worden, dass er seinen Brüdern ihre Vergehen gegen ihn vergeben konnte. Sie hatten später, nachdem ihr Vater Jakob gestorben war, Angst vor der Rache Josefs: *‚Und als Josefs Brüder sahen, dass ihr Vater gestorben war, sagten sie: Wenn nun Josef uns anfeindet und uns gar all das Böse vergilt, das wir ihm angetan haben!‘* (1. Mose 50,15). Dies war dann der abschließende Schachzug des Himmels: Josef war so weit verwandelt, dass er seinen Brüdern alles vergeben konnte, weil er die Hand Gottes hinter all dem, was ihm widerfahren war, erkannt hatte. *‚Josef aber sagte zu ihnen: Fürchtet euch nicht! Bin ich etwa an Gottes Stelle? Ihr zwar, ihr hattet Böses gegen mich beabsichtigt; Gott aber hatte beabsichtigt, es* *zum Guten zu wenden, um zu tun, wie es an diesem Tag ist, ein großes Volk am Leben zu erhalten. Und nun, fürchtet euch nicht! Ich werde euch und eure Kinder versorgen. So tröstete er sie und redete zu ihrem Herzen‘* (1. Mose 19-21).

Die Geschichte von Josef ist ein gutes Beispiel dafür, wie durch Gottes Interventionen aus einer höheren Dimension der Segen über Generationen hinweg fließen kann. Menschen können diese Zeiträume nicht überblicken. Es braucht dafür langfristige Strategien. Darum siehst du die zwölf Schachbretter auf verschiedenen Ebenen. Nur von der höchsten Ebene aus kann man das Zusammenspiel aller ‚Bretter‘ verstehen und koordinieren.

Wenn du meinen Stammbaum[16] zurückverfolgst, gelangst du über David zu Juda, einen der Söhne von Israel (Jakob). Hätte Gott Josef nicht so positioniert, dass der gerade entstehende Stamm Israel versorgt werden konnte, wären Juda und seine Kinder verhungert, und die Blutlinie bis zu mir hätte es nicht gegeben. Durch meinen stellvertretenden Tod am Kreuz von Golgatha, meine Auferweckung von den Toten, meinen Aufstieg in den Himmel und meine Verherrlichung beim Vater war der Schachzug, der die Erlösung und Versöhnung mit dem Vater nicht nur den Juden, sondern auch euch, den Heiden, gebracht hat, vollendet. Du siehst, alles ist miteinander verbunden“, beendete Jesus seine Erklärungen über Josef.

Lazarus kehrt von den Toten zurück

Jesus erklärte mir weiter: „Als letztes Beispiel zeige ich dir, aus der Sicht des Himmels, was auf einer höheren Ebene passiert ist, als ich Lazarus von den Toten auferweckt habe. Seine Schwester Maria hatte mich mit Salböl gesalbt. ‚*Maria aber war es, die den Herrn mit Salböl salbte und seine Füße mit ihren Haaren abtrocknete; deren Bruder Lazarus war krank‘* (Johannes 11,2). Dadurch entstand eine besondere Verbindung zwischen mir und dieser Familie, was die Mächte der Finsternis zu

[16] Siehe den Stammbaum von Jesus in Matthäus 1,1-17 und Lukas 3,23-38.

einem Gegenzug veranlasste. Diese griffen Lazarus durch eine Krankheit an, sodass er vorzeitig sterben sollte. *‚Es war aber einer krank, Lazarus, von Betanien, aus dem Dorf der Maria und ihrer Schwester Marta‘* (Johannes 11,1).

Da Martha und Maria meine Salbung, Kranke zu heilen, bekannt war, wendeten sie sich an mich um Hilfe. *‚Da sandten die Schwestern zu ihm und ließen ihm sagen: Herr, siehe, der, den du lieb hast, ist krank!‘* (Johannes 11,3). Die Schwestern gingen davon aus, dass ich Lazarus von seiner Krankheit heilen würde. Doch der Plan meines Vaters war ein ganz anderer. *‚Als aber Jesus es hörte, sprach er: Diese Krankheit ist nicht zum Tode, sondern um der Herrlichkeit Gottes willen, damit der Sohn Gottes durch sie verherrlicht wird‘* (Johannes 11,4). Es wäre für mich kein Problem gewesen, Lazarus durch ein vollmächtiges Wort aus der Ferne zu heilen.[17]

Doch ich hatte beschlossen, nur das zu tun, was ich den Vater tun sehe.[18] Deshalb blieb ich zwei weitere Tag an dem Ort, an dem ich mich gemeinsam mit meinen Jüngern befand. *‚Jesus aber liebte die Marta und ihre Schwester und den Lazarus. Als er nun hörte, dass er krank sei, blieb er noch zwei Tage an dem Ort, wo er war. Danach erst spricht er zu den Jüngern: Lasst uns wieder nach Judäa gehen‘* (Johannes 11,2). Menschlich gesehen war es lieblos, Lazarus sterben zu lassen, obwohl ich ihn aus der Ferne hätte heilen können, sodass seine Schwestern der Schmerz des Verlustes ihres Bruders nicht hätten erleiden müssen.

Doch der Schachzug meines Vaters auf einer höheren Ebene sah etwas anderes vor. An den Reaktionen meiner Jünger kannst du sehen, dass sie nichts von dem verstanden, was auf dieser höheren Ebene vor sich ging. Das gipfelte in der folgenden Aussage von Thomas: *‚Da sprach Thomas, der auch Zwilling genannt ist, zu den Mitjüngern: Lasst auch uns gehen, dass*

---

[17] Siehe die Fernheilung auf die Bitte des Hauptmanns von Kapernaum, überliefert in Matthäus 8,5-13.

[18] *Da antwortete Jesus und sprach zu ihnen: Wahrlich, wahrlich, ich sage euch: Der Sohn kann nichts von sich selbst tun, außer was er den Vater tun sieht; denn was der tut, das tut ebenso auch der Sohn* (Johannes 5,19).

wir mit ihm sterben' (Johannes 1,16). Was für ein krasser Gegensatz zu dem, was passieren würde. Das gilt heutzutage für meine Nachfolger genauso. Ohne Offenbarung von Gott könnt ihr vieles, was ich mit euch auf Erden tun will, nicht richtig verstehen bzw. einordnen.

‚*Als nun Jesus kam, fand er ihn schon vier Tage in der Gruft liegen*' (Johannes 11,17). Damit schied eine Krankenheilung aus naheliegenden Gründen aus. Auch Martha verstand nicht, was hier vor sich ging. ‚*Da sprach Marta zu Jesus: Herr, wenn du hier gewesen wärest, so wäre mein Bruder nicht gestorben; und jetzt weiß ich, dass, was du von Gott bitten magst, Gott dir geben wird*' (Johannes 11,21-22). Sie war noch in der Vorstellung der Krankenheilung, die ich Lazarus hätte bringen können, gefangen. Ausgehend von den überlieferten Geschichten des ihr bekannten Alten Testaments hätte sie jedoch eine Totenauferweckung in Erwägung ziehen können.[19]

Daher antwortete ich Martha: ‚*Dein Bruder wird auferstehen*' (Johannes 11,23b). Aber Martha dachte immer noch nicht an das Naheliegende, dass ich ihn von den Toten auferwecken könnte. ‚*Marta spricht zu ihm: Ich weiß, dass er auferstehen wird bei der Auferstehung am Jüngsten Tage*' (Johannes 11,24 LUT). Diese Aussage machte Martha aufgrund einer Inspiration des Heiligen Geistes. Es war ein weiterer Schachzug meines Vaters im Himmel. Dies ermöglichte es mir, eine fundamentale und ewige Wahrheit auszusprechen: ‚*Ich bin die Auferstehung und das Leben; wer an mich glaubt, wird leben, auch wenn er gestorben ist; und jeder, der da lebt und an mich glaubt, wird nicht sterben in Ewigkeit. Glaubst du das?*' (Johannes 11,25-26). Diese Worte sind sehr wichtig für jeden Menschen, denn er muss diese fundamentale Wahrheit glauben, damit er ewig leben kann.

---

[19] Siehe die beiden Geschichten von Elia (1. Könige 17,17-24) und von Elisa und dem Sohn der Schunemiterin (2. Könige 4,18-37). Elisa hatte den geistlichen Mantel von Elia übertragen bekommen, bestätigt durch ein mächtiges Zeichen vom Himmel (1. Könige 19,19 und 2. König 2,1-18).

Marthas nächste Aussage kam aus ihrem Herzen. Inspiriert vom Heiligen Geist sprach sie: ‚*Ja, Herr, ich glaube, dass du der Christus bist, der Sohn Gottes, der in die Welt kommen soll*' (Johannes 11,27b). Sie hatte eine erweiterte Erkenntnis darüber gewonnen, wer ich wirklich bin. Zu Thomas sagte ich: ‚*Ich bin der Weg und die Wahrheit und das Leben. Niemand kommt zum Vater als nur durch mich*' (Johannes 14,6b).

Doch auch die Menschenmenge, die Maria gefolgt war, fragte sich, warum ich Lazarus nicht geheilt hatte: ‚*Einige aber von ihnen sagten: Konnte dieser, der die Augen des Blinden öffnete, nicht machen, dass auch dieser nicht gestorben wäre?*' (Johannes 11,37). Natürlich hätte ich das tun können, aber der Plan meines Vaters war ein anderer.

‚*Jesus nun, wieder in seinem Innern erzürnt, kommt zur Gruft. Es war aber eine Höhle, und ein Stein lag davor*' (Johannes 11,38). Ich war erzürnt über den Schachzug der Mächte der Finsternis, Lazarus über eine Krankheit vorzeitig sterben zu lassen, sodass er seine vom Vater vor Grundlegung der Welt in seinem Buch des Lebens aufgeführte Bestimmung[20] nicht erfüllen konnte.

‚*›Rollt den Stein fort‹, befahl Jesus. Doch Marta, die Schwester des Verstorbenen, wandte ein: ›Herr, inzwischen wird der Gestank schrecklich sein, denn er ist schon seit vier Tagen tot.‹ Jesus erwiderte: ‚Habe ich dir nicht gesagt, dass du die Herrlichkeit Gottes sehen wirst, wenn du glaubst?*' (Johannes 11,39-40 NLB). Diese beiden Verse zeigen den menschlichen Widerstand gegen das göttliche Wunder, welches eine Krankenheilung noch übersteigen würde. ‚*Sie nahmen nun den Stein weg. Jesus aber hob die Augen empor und sprach: Vater, ich danke dir, dass du mich erhört hast. Ich aber wusste, dass du mich allezeit erhörst; doch um der Volksmenge willen, die umhersteht, habe ich es gesagt, damit sie glauben, dass du mich gesandt hast*'

[20] *Du hast zugesehen, wie ich im Verborgenen gestaltet wurde, wie ich gebildet wurde im Dunkel des Mutterleibes. Du hast mich gesehen, bevor ich geboren war. Jeder Tag meines Lebens war in deinem Buch geschrieben. Jeder Augenblick stand fest, noch bevor der erste Tag begann* (Psalm 139,15-16).

(Johannes 11,42). Damit sollte allen klar sein, dass ich Lazarus im Auftrag meines Vaters von den Toten auferweckte, um meinen Vater zu verherrlichen.

,*Und als er* [Jesus] *dies gesagt hatte, rief er mit lauter Stimme: Lazarus, komm heraus! Und der Verstorbene kam heraus, an Füßen und Händen mit Grabtüchern umwickelt, und sein Gesicht war mit einem Schweißtuch umbunden. Jesus spricht zu ihnen: Macht ihn frei und lasst ihn gehen!*' (Johannes 11,43-44). Das war eine gewaltige Demonstration der Macht meines Vaters über Leben und Tod, die er durch mich manifestierte.

Dieser Schachzug meines Vaters war ein Vorläufer für den größten Schachzug überhaupt, nämlich mich selbst nach drei Tagen von den Toten aufzuerwecken. Aus der Sicht des multidimensionalen Schachspiels gilt hier: Was zunächst wie ein Triumpf von Satan über mich ausgesehen hat, wurde durch die Intervention des Vaters auf höherer Ebene zu einer seiner bittersten Niederlagen.

Du kannst an dieser Totenauferweckung die Herzenshaltung der Menschen, die dies beobachtet haben, deutlich erkennen. ,*Viele nun von den Juden, die zu Maria gekommen waren und sahen, was er getan hatte, glaubten an ihn. Einige aber von ihnen gingen hin zu den Pharisäern und sagten ihnen, was Jesus getan hatte*' (Johannes 11,45-46). Das Ereignis der Auferweckung von Lazarus führte die einen zum Leben durch Glauben an mich und die anderen zum Tod in der Sünde. In diesem Fall bestand die Sünde in dem bewussten Verrat an die Pharisäer mit dem Ergebnis: ,*Von jenem Tag an ratschlagten sie* [die Hohepriester und die Pharisäer] *nun, um ihn zu töten*' (Johannes 11,53).

Doch auch in dieser finsteren Ratssitzung, in der die versammelten Hohepriester und Pharisäer den Beschluss fassten, mich umzubringen, kannst du sehen, wie der Heilige Geist selbst im Feindeslager wirkte. ,*Einer aber von ihnen, Kaiphas, der jenes Jahr Hoher Priester war, sprach zu ihnen: Ihr wisst nichts und überlegt auch nicht, dass es euch nützlich ist, dass ein Mensch für das Volk stirbt und nicht die ganze Nation umkommt. Dies aber sagte er nicht aus sich selbst, sondern da er jenes Jahr Hohepriester war, weissagte er, dass Jesus für die Nation sterben sollte* (Johannes 11,49-51).

Neben Lazarus habe ich noch die Tochter des Jairus[21] und den viel zu früh verstorbenen Sohn der Mutter aus der Stadt Nain[22] von den Toten auferweckt. Dies zeigte meinen Jüngern die Vollmacht, Tote aufzuerwecken. Später wendeten sie selbst diese Macht an: ‚*Petrus aber trieb alle hinaus, kniete nieder und betete. Und er wandte sich zu dem Leichnam und sprach: Tabita, steh auf! Sie aber schlug ihre Augen auf, und als sie den Petrus sah, setzte sie sich auf*' (Apostelgeschichte 9,40). Und auch Palulus: ‚*Ein junger Mann aber mit Namen Eutychus saß im Fenster und wurde von tiefem Schlaf überwältigt, während Paulus noch weiterredete; und vom Schlaf überwältigt, fiel er vom dritten Stock hinunter und wurde tot aufgehoben. Paulus aber ging hinab und warf sich über ihn, und ihn umfassend sagte er: Seid nicht beunruhigt! Denn seine Seele ist in ihm. Sie brachten aber den Jungen lebend und wurden nicht wenig getröstet*' (Apostelgeschichte 20,9-12).

Wer mir von ganzem Herzen, ganzer Seele und mit allem Verstand und aller Kraft nachfolgt, bekommt von mir die Autorität und die Kraft, ebenfalls vorzeitig Verstorbene wieder zum Leben zu erwecken. Um wieder zu dem multidimensionalen Schachspiel zurückzukehren: ‚*Wo ist, Tod, dein Sieg? Wo ist, Tod, dein Stachel?*' (1. Korinther 15,55).

Jede Totenauferweckung hat nicht nur massive Auswirkungen auf den von den Toten auferweckten Menschen und seine Familie, sondern schwächt auch den Tod selber. Bis dahin, dass ich ihn am Ende der Zeit ganz beende: ‚*Und der Tod und der Hades wurden in den Feuersee geworfen. Dies ist der zweite Tod, der Feuersee*' (Offenbarung 20,14), denn ‚*mir ist alle Macht gegeben im Himmel und auf Erden*' (Matthäus 28,18,2)", beendete Jesus seine Erklärungen zum Tod von Lazarus.

---

[21] Die Geschichte der Auferweckung der Tochter des Jairus könnt ihr in Markus 5,22-43 nachlesen.

[22] Nachzulesen in Lukas 7,11-17.

Die letzten Züge zum Schachmatt

Wir waren noch immer innerhalb des zwölf-dimensionalen Schachspiels. Jesus machte eine Handbewegung nach oben und sofort hob sich der Boden in der Mitte des Zylinders wie in einem Fahrstuhl an. „Wir begeben uns jetzt auf die oberste, die zwölfte Ebene des Schachspiels", meinte Jesus zu mir. „Damit du das besser sehen kannst, habe ich dem Boden zu unseren Füßen geboten, uns bis auf diese oberste Ebene zu bringen. Hier werde ich dir einen Überblick über die letzten Züge geben, die sozusagen zum endgültigen Schachmatt von Satan und seinen finsteren Mächten führen werden."

Nachdem ich mit Jesus auf die zwölfte Ebene hochgehoben worden war, konnte ich nun klar sehen, was dort vor sich ging. Auch hier lief ein aktives Schachspiel mit weißen und schwarzen Figuren, was daran zu erkennen war, dass sich die Figuren bewegten und ab und zu schwarze Figuren hinausgeworfen wurden. Wenn die schwarzen Figuren hier von einer weißen Figur getroffen wurden, flogen sie in hohem Bogen vom Spielfeld und verschwanden komplett.

Da ich von Jesus außer über die beiden Könige keine Offenbarung bekommen hatte, welche Figuren wem genau zugeordnet waren, lasse ich im Folgenden weg, welche Schachfiguren gerade am Zug waren. Jesus deutete auf die Figur des weißen Königs. „Diese Figur steht für mich als dem König der Könige.[23] Ich werde dir jetzt die letzten Züge zeigen, die zum Schachmatt des schwarzen Königs, der für Satan steht, führen. Du wirst es nicht in der Reihenfolge sehen, wie sich das in der irdischen, zeitgebundenen Dimension auswirken wird. Denke immer daran, dass wir uns hier in der Ewigkeit befinden.

Ich sagte zu den Jüngern in meiner Rede über das Ende der Zeiten: ‚*Und das Evangelium muss zuvor gepredigt werden unter allen Völkern*' (Markus 13,14). Die Erfüllung dieses Wortes ist eine der Voraussetzungen auf der Ebene der Welt, damit auf

---

[23] *Und er* [Jesus] *trägt auf seinem Gewand und an seiner Hüfte einen Namen geschrieben: König der Könige und Herr der Herren* (Offenbarung 19,16).

der obersten Ebene weitere Züge gemacht werden können. Natürlich sind die Bemühungen der Christen, das Evangelium bis in die letzten Winkel der Erde zu verbreiten, eine gute Sache. Doch letztlich wird auch dieser Schachzug durch einen Engel vom Himmel her ausgeführt werden: ‚*Und ich sah einen anderen Engel hoch oben am Himmel fliegen, der das ewige Evangelium hatte, um es denen zu verkündigen, die auf der Erde ansässig sind, und jeder Nation und jedem Stamm und jeder Sprache und jedem Volk*' (Offenbarung 14,6).

Natürlich gehören der Bruch der sieben Siegel mit den darauffolgenden Gerichten, die sieben Posaunengerichte und die sieben Zornschalengerichte Gottes, wie sie in der Offenbarung beschrieben werden, zu diesen Schachzügen dazu. Diese einzelnen Züge führen am Ende zu dem finalen Gericht über die Hure Babylon: ‚*Und es kam einer von den sieben Engeln, welche die sieben Schalen hatten, und redete mit mir* [Johannes] *und sprach: Komm her! Ich will dir das Gericht über die große Hure zeigen, die an vielen Wassern sitzt, mit der die Könige der Erde Unzucht getrieben haben; und die Bewohner der Erde sind trunken geworden von dem Wein ihrer Unzucht*' (Offenbarung 17,1-2).

Im Gegenzug wird der Feind seine zehn Könige, das Tier und den falschen Propheten auf das Spielfeld rufen. Zu jenem Zeitpunkt werde ich persönlich als Lamm Gottes eingreifen: ‚*Und die zehn Hörner, die du gesehen hast, sind zehn Könige, die noch kein Königreich empfangen haben, aber mit dem Tier eine Stunde Macht wie Könige empfangen. Diese haben einen Sinn und geben ihre Kraft und Macht dem Tier. Diese werden mit dem Lamm Krieg führen, und das Lamm wird sie überwinden; denn es ist Herr der Herren und König der Könige, und die mit ihm sind, sind Berufene und Auserwählte und Treue*' (Offenbarung 17,12-14).

Ein weiterer wichtiger Zug zum letzten Schachmatt ist der endgültige Fall von Babylon. Die große Hure wird vom Schachbrett gefegt und verschwinden. Wie ich dir in einer früheren Vision schon geoffenbart habe, steht Babylon[24] für das

[24] Siehe auch „Ein Turm bis zum Himmel – Der Geist Babylons, gestern und heute", Frank Krause, GloryWorld-Medien 2023.

Finanz- und Wirtschaftssystem auf der Erde. ,*Nach diesem sah ich einen anderen Engel aus dem Himmel herabkommen, der große Macht hatte; und die Erde wurde von seiner Herrlichkeit erleuchtet. Und er rief mit starker Stimme und sprach: Gefallen, gefallen ist Babylon, die Große, und ist eine Behausung von Dämonen geworden und ein Gefängnis jedes unreinen Geistes und ein Gefängnis jedes unreinen und gehassten Vogels*' (Offenbarung 18,1-2).

Mit dem Imperium von Babylon fällt das Mammon-System, welches alle Menschen versklavt hat, in sich zusammen: ,*Und sie werden aus Furcht vor ihrer Qual weitab stehen und sagen: Wehe, wehe! Die große Stadt, Babylon, die starke Stadt! Denn in einer Stunde ist dein Gericht gekommen. Und die Kaufleute der Erde weinen und trauern um sie, weil niemand mehr ihre Ware kauft*' (Offenbarung 18,10-11). Alle werden staunen, dass das Gericht über Babylon sich am Ende so schnell vollzieht. Dieser Schachzug wird im Himmel einen großen Jubel auslösen: ,*Sei fröhlich über sie, du Himmel, und ihr Heiligen und Apostel und Propheten! Denn Gott hat für euch das Urteil an ihr vollzogen. Und ein starker Engel hob einen Stein auf wie einen großen Mühlstein und warf ihn ins Meer und sprach: So wird Babylon, die große Stadt, mit Gewalt niedergeworfen und nie mehr gefunden werden*' (Offenbarung 18,20-21).

Die letzten Züge werden dann von mir selber als HERR der Heerscharen, auch ,Wort Gottes'[25] genannt, ausgeführt werden: ,*Und ich sah den Himmel geöffnet, und siehe, ein weißes Pferd, und der darauf saß, heißt Treu und Wahrhaftig, und er richtet und führt Krieg in Gerechtigkeit. Seine Augen aber sind eine Feuerflamme, und auf seinem Haupt sind viele Diademe, und er trägt einen Namen geschrieben, den niemand kennt als nur er selbst; und er ist bekleidet mit einem in Blut getauchten Gewand, und sein Name heißt: Das Wort Gottes. Und die Truppen,*

[25] *Er, der das Wort ist, wurde Mensch und lebte unter uns. Er war voll Gnade und Wahrheit und wir wurden Zeugen seiner Herrlichkeit, der Herrlichkeit, die der Vater ihm, seinem einzigen Sohn, gegeben hat* (Johannes 1,14).

die im Himmel sind, folgten ihm auf weißen Pferden, bekleidet mit weißer, reiner Leinwand (Offenbarung 19,11-14).

Mein Eingreifen besiegelt das Ende des Tieres und des falschen Propheten. ‚*Und ich* [Johannes] *sah das Tier und die Könige der Erde und ihre Truppen versammelt, um mit dem, der auf dem Pferd saß, und mit seinen Truppen Krieg zu führen. Und es wurde ergriffen das Tier und der falsche Prophet – der mit ihm war und die Zeichen vor ihm tat, durch die er die verführte, die das Malzeichen des Tieres annahmen und sein Bild anbeteten –, lebendig wurden die zwei in den Feuersee geworfen, der mit Schwefel brennt* (Offenbarung 19,19-20).

Auch der Tod und das dazugehörige Totenreich, auch Hades genannt, werden von der Spielfläche verschwinden. ‚*Und der Tod und der Hades wurden in den Feuersee geworfen. Dies ist der zweite Tod, der Feuersee*‘ (Offenbarung 20,14). Nichts und niemand kann dem Gericht Gottes entgehen, selbst der Tod nicht.

Als Letzter fliegt der schwarze König, der für Satan steht, vom Spielfeld: ‚*Und der Teufel, der sie verführte, wurde in den Feuer- und Schwefelsee geworfen, wo sowohl das Tier als auch der falsche Prophet sind; und sie werden Tag und Nacht gepeinigt werden von Ewigkeit zu Ewigkeit*‘ (Offenbarung 20,10).“

Jesus nahm jetzt den weißen König vom Spielfeld in seine Hand. Da kam, wie aus dem Nichts, ein großer Stein und zerschmetterte von oben her alle zwölf Schachbretter.

Jesus sprach weiter: „Damit ist erfüllt, was dem Psalmisten offenbart wurde: ‚*Der Stein, den die Bauleute verworfen haben, ist zum Eckstein geworden*‘ (Psalm 118,22) und ebenfalls, was ich Daniel geoffenbart habe: ‚*Während du noch schautest, löste sich plötzlich ohne menschliches Zutun ein Stein von einem Berg. Er traf die Füße aus Eisen und Ton und zermalmte sie. Die ganze Statue brach in sich zusammen; Ton, Eisen, Bronze, Silber und Gold zerfielen zu Staub, den der Wind wegblies wie die Spreu von einem Dreschplatz. Nichts war mehr davon zu sehen! Der Stein aber, der die Statue zertrümmert hatte, wuchs zu einem riesigen Berg und breitete sich über die ganze Erde aus*‘ (Daniel 2,24-35 HFA). Mit dem riesigen Berg ist der Berg Zion gemeint", ergänzte Jesus die Offenbarung, die er uns durch seinen Propheten Daniel gegeben hat.

Er fuhr fort: „Nachdem das gesamte Spiel auf allen Ebenen beendet sein wird[26], mache ich alles neu: ,*Und ich sah einen neuen Himmel und eine neue Erde; denn der erste Himmel und die erste Erde waren vergangen, und das Meer ist nicht mehr. Und ich sah die heilige Stadt, das neue Jerusalem, aus dem Himmel von Gott herabkommen, bereitet wie eine für ihren Mann geschmückte Braut. Und ich hörte eine laute Stimme vom Thron her sagen: Siehe, das Zelt Gottes bei den Menschen! Und er wird bei ihnen wohnen, und sie werden seine Völker sein, und Gott selbst wird bei ihnen sein, ihr Gott*' (Offenbarung 21,1-3)." So beendete Jesus die Vision über das zwölfdimensionale Schachspiel.

Mein persönliches Fazit aus dieser Vision lautet: Nachdem ich mehrere Blicke auf den Berg Zion, den Garten Eden und auf das himmlische Jerusalem werfen durfte, freue ich mich darauf, die Ewigkeit mit dem Vater, seinem Sohn Jesus Christus und dem Heiligen Geist dort verbringen zu dürfen. Ich hoffe, meine Visionen ermutigen die Leser, ebenfalls an diese himmlischen Orte zu gehen, um selbst Offenbarungen von Gott darüber zu empfangen. Doch bei alledem gilt:

> *So spricht der HERR: Ein Weiser rühme sich nicht seiner Weisheit, ein Starker rühme sich nicht seiner Stärke, ein Reicher rühme sich nicht seines Reichtums. Sondern wer sich rühmen will, der rühme sich dessen, dass er klug sei und mich kenne, dass ich der HERR bin, der Barmherzigkeit, Recht und Gerechtigkeit übt auf Erden; denn solches gefällt mir, spricht der HERR* (Jeremia 9,22-23).

[26] Siehe auch 2. Petrus 3,10: Es wird aber der Tag des Herrn kommen wie ein Dieb; an ihm werden die Himmel mit gewaltigem Geräusch vergehen, die Elemente aber werden im Brand aufgelöst und die Erde und die Werke auf ihr (im Gericht) erfunden werden.

Anhang A

Von der Finsternis zum Licht

Mir ist durchaus bewusst, dass es auch andere Wege gibt, Einblicke und Visionen von der unsichtbaren Welt zu bekommen, als durch Jesus Christus. Diese Wege sind ohne das Licht Jesu allerdings finster und führen letztendlich in die Irre. Sie werden irgendwann ihren Preis kosten, der häufig in einer Sackgasse besteht (spätestens im Jüngsten Gericht, siehe Hebräer 9,27 und Offenbarung 20,11-15). Vielleicht bist du so einen Weg gegangen und leidest jetzt unter Albträumen und Desorientierung. Doch es gibt Hoffnung für dich, denn Gott ist ein gnädiger Gott,[1] der nicht will, dass du weiter leidest und verloren gehst.[2]

In Johannes 10,7-10 sagt Jesus: *„Wahrlich, wahrlich, ich sage euch: Ich bin die Tür der Schafe* [du kannst auch sagen: die Tür für die Schafe]. *Alle, die vor mir gekommen sind, sind Diebe und Räuber; aber die Schafe hörten nicht auf sie. Ich bin die Tür; wenn jemand durch mich hineingeht, so wird er gerettet werden und wird ein- und ausgehen und Weide finden. Der Dieb kommt nur, um zu stehlen und zu schlachten und zu verderben. Ich bin gekommen, damit sie Leben haben und es in Überfluss haben."*

Wenn du nicht durch Jesus als diese Tür in die unsichtbare Welt gehst, wirst du leicht den Dieben und Räubern zum Opfer

---

[1] Psalm 86,1:5 *Aber du, Herr, du bist ein Gott voll Liebe und Erbarmen, du hast viel Geduld, deine Güte und Treue sind grenzenlos.*

[2] Johannes 3,16 (NLB): *Denn Gott hat die Welt so sehr geliebt, dass er seinen einzigen Sohn hingab, damit jeder, der an ihn glaubt, nicht verloren geht, sondern das ewige Leben hat.*

fallen. Statt einem Leben im Überfluss wirst du ganz im Gegenteil dazu bestohlen, betrogen und am Ende auf die Schlachtbank geführt, das heißt, du verliert dein Leben. Jesus hat dies auch so formuliert:

> *Denn was wird es einem Menschen nützen, wenn er die ganze Welt gewönne, aber sein Leben einbüßte? Oder was wird ein Mensch als Lösegeld geben für sein Leben?* (Matthäus 16,26).

Jesus selber hat dieses Lösegeld für dich bezahlt, damit du leben kannst. Er sagt:

> *Ich bin der gute Hirte; und ich kenne die Meinen, und die Meinen kennen mich, wie der Vater mich kennt und ich den Vater kenne; und ich lasse mein Leben für die Schafe* (Johannes 10,14-15).

Jesus hat den Preis für dich bezahlt. Er alleine hat die Kraft und die Macht, dich aus der ewigen Trennung von Gott zu retten.

> *Denn ich [Jesus] bin nicht gekommen, dass ich die Welt richte, sondern dass ich die Welt rette* (Johannes 12,47b).

Wenn du den Pfad der Finsternis verlassen und auf die Seite des Lichts und des wahren Lebens wechseln willst, dann kannst du von ganzem Herzen folgendes Gebet laut sprechen:

> ***Jesus Christus,***
>
> *von den Toten auferstandener Sohn Gottes, danke dass du für meine Sünden gestorben bist!*
>
> *Ich bekenne dir meine Sünde, mein Leben bisher ohne eine innige Beziehung zu dir geführt zu haben.*
>
> *Ich bekenne, Türen der Finsternis benutzt zu haben, um die tiefe Sehnsucht meines Herzens nach dem wahren Leben aus eigener Kraft zu stillen.*
>
> *Vergib mir, Jesus, dass ich mich selbst erlösen wollte.*

Danke, dass du für meine vergangenen, aktuellen und zukünftigen Sünden am Kreuz von Golgatha gestorben bist.

Danke Jesus, dass du den Preis für meine Erlösung komplett bezahlt hast, damit ich frei sein und die Fülle des Lebens genießen kann.

Ich entscheide mich heute (neu) für ein Leben mit dir und bitte dich, in meinem Herzen zu wohnen, damit ich zukünftig mit dir zusammen mein Leben gestalten kann.

Ich nehme dich, Jesus Christus, jetzt als meinen Herrn und Erlöser an und übergebe dir mein Leben, meine ganze Existenz mit Körper, Seele und Geist in allen Dimensionen.

Jesus, bitte leite du mich zukünftig durch deinen übernatürlichen Frieden und deinen guten Heiligen Geist, damit ich dir nachfolgen kann.

Danke Heiliger Geist, dass du mir als Geist der Wahrheit hilfst, die Sünden in mir zu erkennen, sodass ich sie Jesus bekennen kann, damit er sie mir vergibt.

Danke Jesus, dass dein vergossenes Blut mich beständig von aller Sünde reinigt.

Danke Jesus, dass ich jetzt durch dich anstatt in der Finsternis im Licht wandeln kann.[3]

Danke Jesus, dass du mich auf meine Bitte hin von allen Altlasten, von Gebundenheit und Gefangenschaft befreist, in die ich durch mein Fehlverhalten geraten bin.[4]

---

[3] 1. Johannes 1,5-7: *Und dies ist die Botschaft, die wir von ihm gehört haben und euch verkündigen: dass Gott Licht ist, und gar keine Finsternis in ihm ist. Wenn wir sagen, dass wir Gemeinschaft mit ihm haben, und wandeln in der Finsternis, lügen wir und tun nicht die Wahrheit. Wenn wir aber im Licht wandeln, wie er im Licht ist, haben wir Gemeinschaft miteinander, und das Blut Jesu, seines Sohnes, reinigt uns von jeder Sünde.*

[4] Lukas 4,18-19: *Der Geist des Herrn ist auf mir, weil er mich gesalbt hat, Armen gute Botschaft zu verkündigen; er hat mich gesandt, Gefangenen Freiheit auszurufen und Blinden, dass sie wieder sehen, Zerschlagene in Freiheit hinzusenden, auszurufen ein angenehmes Jahr des Herrn.*

Danke Jesus, dass ich von Neuem geboren werde,[5]
das ewige Leben geschenkt bekommen habe,[6]
und dass du mich mit deinem guten Heiligen Geist erfüllst.
AMEN.

Durch diese Übergabe deines Lebens an Jesus hast du gerade den allerersten Schritt einer für den Rest deines Lebens andauernden Abenteuerreise in der Nachfolge Jesu gemacht. Es ist hilfreich, sich eine Bibel in einer modernen Übersetzung zu besorgen (z. B. die „Gute Nachricht Bibel" oder „Neues Leben – Die Bibel") bzw. eine Bibel-App herunterzuladen.[7] Bitte immer den Heiligen Geist um seine Hilfe und Offenbarung beim Lesen in der Bibel, denn er wird dich in alle Wahrheit leiten.[8] Bitte den Heiligen Geist auch um neue Freundschaften und Beziehungen zu Menschen, die Jesus von ganzem Herzen lieben und ihm nachfolgen. Durch den Heiligen Geist bist du Teil der Ecclesia (der herausgerufenen Gemeinde)[9] geworden und er wird dir gerne Menschen zur Seite stellen, die dir helfen, im Glauben zu wachsen.

Gott schenkt dir Erkenntnisse und Offenbarungen wie Samen in dein Herz. Diese müssen durch deine Aufmerksamkeit bewässert werden, damit sie aufgehen. Das erfordert, dass du dich aktiv darauf einlässt. Ein passives Konsumverhalten lässt die

---

[5] Siehe das Gespräch von Jesus mit Nikodemus in Johannes 3,1-21 über die Wiedergeburt.

[6] *Wahrlich, wahrlich, ich* [Jesus] *sage euch: Wer mein Wort hört und glaubt dem, der mich gesandt hat, der hat ewiges Leben und kommt nicht ins Gericht, sondern er ist aus dem Tod in das Leben übergegangen* (Johannes 5,24).

[7] Meine Empfehlung: Bibel mit mehreren Übersetzungen oder eine Bibel-App mit Leseplänen, z. B.: https://www.youversion.com/the-bible-app

[8] 1. Johannes 2,27 (NLB): *Aber ihr habt den Heiligen Geist von Gott empfangen, und er lebt in euch, deshalb braucht ihr niemanden, der euch lehrt. Denn der Geist lehrt euch alles, und was er lehrt, ist wahr – es ist keine Lüge. Bleibt also bei dem, was er euch gelehrt hat, und lebt weiter mit Christus!*

[9] Apostelgeschichte 2,41: *Diejenigen, die glaubten, was Petrus gesagt hatte, wurden getauft und gehörten von da an zur Gemeinde.*
Epheser 1,22: *Und alles hat er* [Gott der Vater] *seinen* [Jesu] *Füßen unterworfen und ihn als Haupt über alles der Gemeinde gegeben.*

Saat vertrocknen. Du musst ständig und in allem mit Jesus in Kontakt stehen und bleiben, damit diese in dein Herz gepflanzten Samen aufgehen und Frucht bringen.

Eine gute Quelle für den Start in dein neues Leben mit Jesus Christus ist der Kurs von Pamela Giehl: „Meine Schafe hören meine Stimme“[10].

---

10 Den Kurs inklusive eines Arbeitsbuches und Audios findest du unter: http://pamgiehl.com/meine-schafe.html

Anhang B

Freisetzung deiner geistlichen Sinne

Nachdem du dieses Buch (hoffentlich) bis zum Ende gelesen hast, fragst du dich vielleicht, wie auch du solche Visionen und Worte der Erkenntnis und Weisheit von Gott bekommen kannst. Ist das überhaupt für jeden möglich? Die gute Nachricht lautet: Jeder, der Jesus Christus nachfolgt, kann Gottes Stimme hören und, wenn er sich tiefer mit seinem Herzen darauf einlässt, auch ganze Visionen geschenkt bekommen. Um dich auf dem Weg, Gottes Stimme zu hören, zu begleiten, habe ich diesen Anhang geschrieben. An den Anfang stelle ich die biblischen Grundlagen.

Meine Schafe hören meine Stimme

Zunächst befassen wir uns mit drei zentralen Bibelstellen zum Thema. Die erste Stelle findest du in Johannes 10,27-28:

> *Meine Schafe hören meine Stimme, und ich [Jesus] kenne sie, und sie folgen mir; und ich gebe ihnen ewiges Leben, und sie gehen nicht verloren in Ewigkeit, und niemand wird sie aus meiner Hand rauben.*

Um Jesus nachzufolgen, musst du seine Stimme (er)kennen und ihm zuhören. Wenn du dein Leben Jesus übergeben hast (siehe Anhang A), sieht Jesus dich als sein Schaf an und fordert dich auf, ihn in der Rolle des Hirten kennenzulernen. Denn um dich zu führen und zu versorgen, braucht der Hirte dein Vertrauen. Dieses

Vertrauen ist der Schlüssel des Glaubens. Dicht an Jesus zu bleiben, wohin er auch geht, nennt die Bibel Nachfolge.[1]

Wie bitte willst du Jesus nachfolgen, wenn du seine Stimme nicht hörst? Es gibt einige Theologen, die behaupten, heutzutage müsse man die Stimme Gottes nicht mehr persönlich hören. Nachdem uns die Heilige Schrift vorliege, habe das Reden Gottes aufgehört. Es sei völlig ausreichend, sich nach dem in der Bibel überlieferten Wort Gottes zu richten. Wenn dem so wäre, hätten die vier Evangelien für uns ausgereicht. Aber schon die Apostelgeschichte wäre ohne Offenbarungen von Jesus mittels Träumen und Visionen durch den Heiligen Geist nicht möglich gewesen.

Bedenke, die neu entstandenen christlichen Gemeinden, wie sie die Apostelgeschichte beschreibt, hatten kein Neues Testament zur Verfügung, wie wir es heutzutage haben.[2] Sie stützten sich auf die mündlichen Überlieferungen der Apostel und auf deren Briefe. Nur wenige aus der Urgemeinde hatten wie Paulus die Ausbildung zum Pharisäer und konnten das Alte Testament lesen. Diese Gemeinden waren also essentiell darauf angewiesen, Gottes Stimme konkret zu hören. Meiner Meinung nach hat sich an dieser Notwendigkeit nichts geändert.

Die zweite Bibelstelle findest du in Apostelgeschichte 2,17-18:

> *„In den letzten Tagen“, spricht Gott, „werde ich meinen Geist über alle Menschen ausgießen. Eure Söhne und Töchter werden weissagen, eure alten Männer werden prophetische Träume*[3] *und eure jungen Männer Visionen haben. In diesen Tagen werde ich meinen Geist sogar über Diener, ob Mann oder Frau, ausgießen, und sie werden weissagen“* (NLB).

---

[1] *Und als Jesus von dort weiterging, sah er einen Menschen mit Namen Matthäus am Zollhaus sitzen, und er spricht zu ihm: Folge mir nach! Und er stand auf und folgte ihm nach* (Matthäus 9,9).

[2] Zum Beispiel übersetzte Luther 1534 die erste komplette Ausgabe der Bibel mit Altem und Neuem Testament ins Deutsche. – Wikipedia, 4.7.2023 https://de.wikipedia.org/wiki/Weimarer_Lutherbibel_von_1534

[3] Wer tiefer in die Dimension der prophetischen Träume einsteigen möchte, dem kann ich das Buch „Göttliche Schlüssel zur Deutung von Träumen & Visionen“ von Adam F. Thompson empfehlen.

Petrus zitiert hier in seiner Pfingstpredigt Joel 3,1-2 aus dem Alten Testament. Und das als einfacher Fischer ohne die Ausbildung zu einem Pharisäer oder Schriftgelehrten! Es war der Heilige Geist, der ihn inspirierte, die alttestamentliche Prophezeiung auf die aktuellen Ereignisse anzuwenden.

Aus der Sicht des Neuen Testaments haben nach Jesu Himmelfahrt die „letzten Tage“ begonnen, auch wenn das nun schon 2000 Jahre her ist. Vor Gott können tausend Jahre wie ein Tag sein und ein Tag wie tausend Jahre.[4] In diesen beiden Versen der Pfingstpredigt von Petrus stehen zwei entscheidende Aussagen. Gott gießt erstens seinen Geist über *alle Menschen* aus und diese werden zweitens als Folge davon prophetische Träume und Visionen haben und weissagen. Das gilt selbstverständlich bis heute. Der wesentliche Punkt, dass die Prophezeiung von Joel sich erfüllt, war die Ausgießung des Heiligen Geistes. Ohne den Heiligen Geist gibt es keine von Gott legitimierten Offenbarungsgaben, und schon gar nicht *für alle*.

Damit kommen wir zur dritten wichtigen Bibelstelle. Diese Aussage machte Jesus in Johannes 16,7:

> *Aber glaubt mir, es ist gut für euch, dass ich fortgehe; denn sonst wird der Helfer nicht zu euch kommen. Wenn ich aber fortgehe, dann werde ich ihn zu euch senden und er wird meine Stelle einnehmen* (GNB).

Je nach Übersetzung wird der Heilige Geist hier mit Helfer, Beistand, Tröster oder Ratgeber übersetzt. Das heißt konkret für uns heute, der Heilige Geist hat die Stellung von Jesus Christus eingenommen, uns in der Nachfolge zu lehren und zu begleiten. Durch den Heiligen Geist können und werden wir Gottes Stimme wahrnehmen und prophetische Träume und Visionen geschenkt bekommen.

Bestätigt wird dies in Epheser 1,13:

---

[4] 2. Petrus 3,8 (GNB): *Meine Lieben, eines dürft ihr dabei nicht übersehen: Beim Herrn gilt ein anderes Zeitmaß als bei uns Menschen. Ein Tag ist für ihn wie tausend Jahre, und tausend Jahre wie ein einziger Tag.*

Durch Christus hat Gott auch euch sein Siegel aufgedrückt: Er hat euch den Heiligen Geist gegeben, den er den Seinen versprochen hatte – nachdem ihr zuvor das Wort der Wahrheit gehört hattet, die Gute Nachricht, die euch die Rettung bringt, und ihr zum Glauben gekommen seid (GNB).

In dem Moment, in dem du dein Leben Jesus Christus übergeben hast, wohnt der Heilige Geist in dir – du bist mit dem Heiligen Geist versiegelt (vgl. Eph 1,13).

Allerdings kannst du gemäß Apostelgeschichte 4,31 um eine weitere, tiefere Erfüllung mit dem Heiligen Geist bitten:

Und als sie gebetet hatten, bewegte sich die Stätte, wo sie versammelt waren; und sie wurden alle mit dem Heiligen Geist erfüllt und redeten das Wort Gottes mit Freimütigkeit.

Die hier anwesenden Apostel und Jünger Jesus waren an Pfingsten alle mit dem Heiligen Geist erfüllt worden. Lies ruhig die ganze Geschichte in Apostelgeschichte 4 und bitte den Heilige Geist dabei um Offenbarung. Das Ergebnis dieser erneuten, tieferen Erfüllung mit dem Heiligen Geist war, dass die Jünger das Wort Gottes entgegen allen Widerständen und Drohungen mit Freimütigkeit verkündeten. Im christlichen Leben gehen wir von Erfüllung zu Erfüllung, weil wir genauso von Herausforderungen und Versuchungen umgeben sind wie die Gemeinde in der Apostelgeschichte.

Die Grenzen unserer natürlichen Wahrnehmung

Mit diesen drei Bibelstellen haben wir die Grundlagen zum Beginn der Abenteuerreise gelegt, die auch beinhaltet, Gottes Stimme zu hören und Visionen zu empfangen. Es stellt sich die Frage für uns alle, was wir überhaupt sehen und hören. Die meisten Menschen halten das, was sie mit ihren natürlichen Sinnen sehen und hören für die komplette Realität. Doch unserer Wahrnehmung der physischen Welt um uns herum sind enge Grenzen gesetzt. Das sollte uns immer bewusst sein.

Vergleichen wir unsere Wahrnehmung doch einmal mit der von bestimmten Tieren. Wir Menschen nehmen mit unseren Augen nur einen Bruchteil dessen war, was es um uns herum zu sehen gibt. Fliegen sehen ihre Umwelt mit ihren Facettenaugen wie durch Zeitlupe. Deswegen können sie meistens der Fliegenpatsche entkommen. Der für menschliche Augen wahrnehmbare Bereich des Lichtes erstreckt sich von 380 bis 780 Nanometer. Bienen können ultraviolettes Licht wahrnehmen (Wellenlänge kleiner als 380 Nanometer) und Schlangen können im Infrarotbereich (Wellenlänge größer als 780 Nanometer) sehen, was uns ohne technische Hilfsmittel nicht möglich ist.

Zudem schneiden wir bei der Wahrnehmung im für uns sichtbaren Bereich vergleichsweise nicht sonderlich gut ab. Mit zunehmendem Alter brauchen wir meist eine Brille oder Kontaktlinsen. Ein Falke kann zum Beispiel Tauben in acht Kilometern Entfernung erspähen und jagen. Dazu bräuchten wir schon ein sehr gutes Fernglas. Zugvögel können sich des Nachts am Erdmagnetfeld orientieren, wir bräuchten dazu ein GPS-Navigationsgerät.

Fledermäuse können sich in völliger Dunkelheit orientieren, indem sie Laute im Ultraschallbereich ausstoßen und die zurückkehrenden Reflektionen hören und analysieren. Das entspricht einem Radar oder (unter Wasser) dem aufwändigen Echolotsystem (Sonar) eines modernen U-Bootes.[5] Oder nehmen wir Hunde; sie riechen viel besser als wir Menschen. Statt wie wir fünf Millionen Riechzellen besitzen sie bis zu 200 Millionen Riechzellen. Deswegen können sie erfolgreich als Spürhunde[6] eingesetzt werden. Man geht davon aus, dass sich Hunde ihre Umwelt durch ihren Geruchsinn bildlich vorstellen können.

Anhand dieser wenigen Beispiele sollte uns klar sein, dass wir mit unseren fünf Sinnen nur einen Bruchteil dessen wahrnehmen können, was um uns herum passiert.

Nicht anders verhält es sich mit dem geistlichen Bereich. Auch dort ist unsere Wahrnehmung mehr oder weniger beschränkt.

---

[5] Wikipedia, 07.07.2023: https://de.wikipedia.org/wiki/Fledermäuse

[6] Wikipedia, 07.07.2023: https://de.wikipedia.org/wiki/Spürhund

Jesus sagt in Johannes 4,24: *„Gott ist Geist, und die ihn anbeten, müssen in Geist und Wahrheit anbeten."* Und in Johannes 14,17: *„... den Geist der Wahrheit, den die Welt nicht empfangen kann, weil sie ihn nicht sieht, noch ihn erkennt. Ihr erkennt ihn, denn er bleibt bei euch und wird in euch sein."* Gott ist Geist und wir können ihn und seine Mitteilungen, zum Beispiel prophetische Träume und Visionen, nur auf einer geistlichen Ebene empfangen. Die Bibel beschreibt nicht unseren Verstand, sondern unser Herz als geistliches Wahrnehmungsorgan.

Deshalb bittet Paulus um erleuchtete Augen des Herzens.[7] Das bedeutet, dass wir parallel zu den fünf natürlichen Sinnen, durch die wir sehen, hören, riechen, schmecken und tasten (fühlen) auch fünf geistliche Sinne haben, mit denen wir in unserem Herzen die unsichtbare Welt wahrnehmen. Am besten sehen wir uns dazu Beispiele aus der Bibel an, wo diese geistlichen Sinne beschrieben werden. Da Gott uns als sein Ebenbild[8] geschaffen hat, verfügen auch wir über diese Sinne. Ich beziehe mich mit den folgenden Bibelstellen bewusst nicht auf Jesus in seiner menschlichen Form, denn in Menschengestalt hatte Jesus natürlich, wie wir auch, fünf natürliche Sinne.

Gott kann sehen: *„Und der HERR sprach: Das Klagegeschrei über Sodom und Gomorra, wahrlich, es ist groß, und ihre Sünde, wahrlich, sie ist sehr schwer. Ich will doch hinabgehen und* ***sehen,*** *ob sie ganz nach ihrem Geschrei, das vor mich gekommen ist, getan haben; und wenn nicht, so will ich es wissen"* (1. Mose 18,20-21). Implizit ist hier auch abzuleiten, dass Gott (Geschrei) hören kann.

Gott kann hören: *„Gott, der seit Menschengedenken regiert,* ***hört*** *mein Gebet und zahlt es ihnen heim; denn sie wollen sich nicht ändern und weigern sich, ihn ernst zu nehmen"* (Psalm

---

[7] Epheser 1,18: *Er* [Jesus] *erleuchte die Augen eures Herzens, damit ihr wisst, was die Hoffnung seiner Berufung, was der Reichtum der Herrlichkeit seines Erbes in den Heiligen und was die überragende Größe seiner Kraft an uns, den Glaubenden, ist ...*

[8] 1. Mose 1,27: *Und Gott schuf den Menschen als sein Bild, als Bild Gottes schuf er ihn; als Mann und Frau schuf er sie.*

55,20 GNB). Dazu zählt auch, dass Gott mit einer hörbaren Stimme zu Menschen reden kann: *„Da rief der HERR den Samuel. Und er antwortete: Hier bin ich!“* (1. Samuel 3,4).

Gott kann riechen (bzw. schmecken): *„Und der HERR* ***roch*** *den wohlgefälligen Geruch, und der HERR sprach in seinem Herzen: Nicht noch einmal will ich den Erdboden verfluchen wegen des Menschen; denn das Sinnen des menschlichen Herzens ist böse von seiner Jugend an; und nicht noch einmal will ich alles Lebendige schlagen, wie ich getan habe“* (1. Mose 8,21). *„Denn wir sind ein* ***Wohlgeruch Christi für Gott*** *unter denen, die gerettet werden, und unter denen, die verloren gehen“* (2. Korinther 2,15).

Gott kann tasten, im Sinne von berühren: *„Am Abend vorher hatte ich gespürt, wie sich die Hand des HERRN schwer auf mich legte“* (Hesekiel 33,22b). *„Siehe, die Hand des HERRN ist nicht zu kurz, um zu retten, und sein Ohr nicht zu schwer, um zu hören“* (Jesaja 59,1).

Das waren einige wenige Beispiele für die geistlichen Sinne von Gott selbst. Wir finden solche Beschreibungen auch von Engeln. Doch die Heilige Schrift sagt noch mehr darüber aus, was Gott in unser Herz legen kann:

> *Und die ganze Erde suchte das Angesicht Salomos, um seine Weisheit zu hören,* ***die Gott in sein Herz gegeben hatte*** (1. Könige 10,24).

Salomo[9] wird als einer der weisesten Männer bezeichnet, die je auf dieser Erde gelebt haben. Im Neuen Testament ist diese in ein Herz gegebene Weisheit von Gott eine der geistlichen Gaben, um die wir bitten können. Der Apostel Paulus sagt uns:

---

[9] 1. Könige 10,4,6-7: *Und als die Königin von Saba all die Weisheit Salomos sah und das Haus, das er gebaut hatte, … und sagte zum König: Das Wort ist Wahrheit gewesen, das ich in meinem Land über deine Taten und über deine Weisheit gehört habe! Ich habe den Worten nicht geglaubt, bis ich gekommen bin und meine Augen es gesehen haben. Doch siehe, nicht die Hälfte ist mir berichtet worden! Du hast an Weisheit und Gütern die Kunde übertroffen, die ich gehört habe.*

Denn dem einen wird durch den Geist das Wort der Weisheit gegeben; einem anderen aber das Wort der Erkenntnis nach demselben Geist (1. Korinther 12,8).

Von König Salomo stammt folgender Spruch:

Mehr als alles, was man sonst bewahrt, behüte dein Herz! Denn in ihm entspringt die Quelle des Lebens (Sprüche 4,23).

Gottes Leben und auch seine Liebe, genauso wie seine prophetischen Träume und Visionen, empfangen wir mit unserem Herzen. Dieses Empfangen im Herzen war mir am Anfang meines Christseins nicht klar, da Gott vorwiegend meinen Verstand und mein Vorstellungsvermögen für die Visionen benutze, die er mir schenkte.

Zudem benutzte Gott Bilder aus meinem Gedächtnis, die ich schon kannte. Es kann durchaus sein, dass Gott dir etwas Ähnliches wie mir zeigt, aber mit komplett anderen Bildern aus deinem Erfahrungshorizont. *„Denn unser Wissen ist Stückwerk und unser prophetisches Reden ist Stückwerk"* (1. Korinther 13,9 LUT). Oder Gott zeigt verschiedenen Menschen „Puzzleteile", die wir dann mit Hilfe des Heiligen Geistes zusammensetzen können, um etwas mehr von Gottes Plänen zu verstehen.

Deswegen legt uns der Apostel Paulus in 1. Korinther 14,26 (GNB) in Bezug auf unsere Zusammenkünfte nahe:

Was folgt daraus für euch, Brüder und Schwestern? Wenn ihr zum Gottesdienst zusammenkommt, kann jeder und jede etwas dazu beitragen: ein Lied vorsingen oder eine Lehre vortragen oder eine Offenbarung weitergeben oder in unbekannten Sprachen reden oder die Deutung dazu geben. Aber alles muss dem Aufbau der Gemeinde dienen.

Die in diesem Vers genannten Lieder und Lehren sind geistgewirkt und stammen nicht aus dem Gesangbuch oder dem Katechismus. Wer es einmal erlebt hat, dass eine Gemeinde im Geist singt, wird darüber staunen, wie anders das ist als der normale Kirchengesang. Genauso verhält es sich mit der Verkündigung durch Predigt und Lehre. Kommt der Geist zum Zug, können wir erleben, wie anders der Geist die Bibel auslegt, als wir es gewohnt sind. Er macht das Wort Gottes lebendig und wirksam.

Wie funktioniert das Sehen in der unsichtbaren Welt?

Um euch das Sehen in der unsichtbaren Welt näherzubringen, habe ich zur besseren Verdeutlichung einen Monitor mit vier verschiedenen Eingängen skizziert. Diese Erklärung stellt natürlich eine erhebliche Vereinfachung der in uns ablaufenden Wahrnehmungsprozesse dar. Mit dem Monitor kann ich nur Hören und Sehen, aber natürlich weder Gerüche noch Geschmack oder Gefühle darstellen. Doch für mein Anliegen, euch das Sehen mit den Augen des Herzens in der unsichtbaren Welt näher zu erklären, ist dieses Modell meines Erachtens hilfreich.

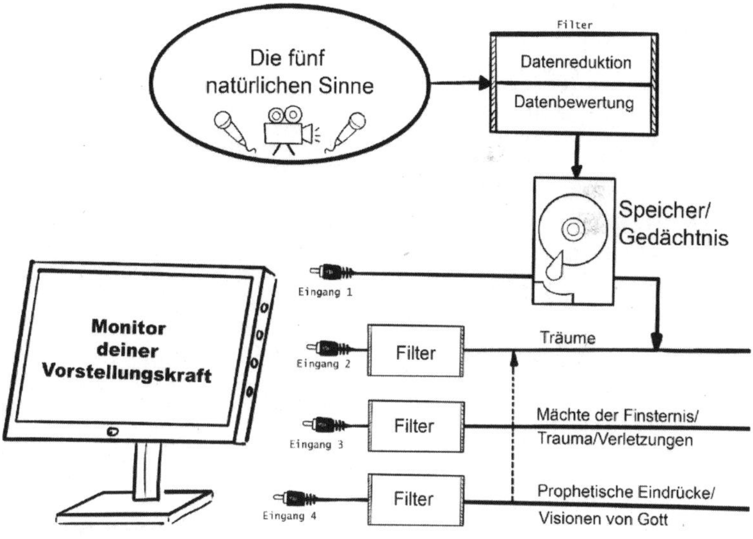

Wenn du dich an einen ruhigen Ort zurückziehst und deine Augen schließt, wirst du feststellen, dass du permanent mit dir selber redest und meist auch Bilder in deiner Phantasie produzierst, obwohl deine Augen geschlossen sind (ähnlich geschieht es im Traum). Um dir dies zu verdeutlichen, benutze ich das Bild eines inneren Monitors mit mehreren Eingängen. Sehen in der unsichtbaren Welt ist vergleichbar mit einer Projektion auf den Monitor deiner Vorstellungskraft, wobei in dir die Projektion von verschiedenen Quellen (Eingängen) aus möglich ist.

Eingang 1: Unsere fünf Sinne speichern über zwei Filter unsere gesamten Erlebnisse im Gedächtnis ab (Filter 1 entspricht einer massiven Datenreduktion / Filter 2 entspricht einer Bewertung anhand bereits gespeicherter Daten). Von dort aus können Eindrücke über unser Vorstellungsvermögen (Imagination) aus unserem Gedächtnis abgerufen und/oder neu kombiniert werden.

Eingang 2: Träume entstehen normalerweise beim Umspeichern von unserem Kurzzeit- in das Langzeitgedächtnis. Auch hier sind unsere internen Filter zwar aktiv, aber der bewertende Verstand „schläft". Das gibt Gott die Möglichkeit, relativ ungefilterte prophetische Träume auf den inneren Monitor unserer Vorstellungskraft zu projizieren. So können der gesamte Traum oder Teile davon (meist am Ende) von Gott inspiriert sein. Am Anfang kann das verwirrend sein, vielleicht haben wir unsere Träume auch noch nie besonders beachtet. Der Heilige Geist sensibilisiert uns für Gottes Reden. Wir können ihn um Unterscheidung bitten, damit wir erkennen können, was von Gott inspiriert ist und was nicht.

Eingang 3: Auch Mächte der Finsternis, können unsere Gedanken beeinflussen. Sie greifen gerne auf innere Verletzungen, Traumata und Ängste zurück, die Bilder in uns erzeugen können. So kann zum Beispiel ein Trauma ein mächtiger Filter sein, der die Realität verzerrt. Diese negativen Vorstellungen sind meist mit entsprechenden Gefühlen, dunklen Visionen und einer inneren Unruhe behaftet, wodurch sie sich relativ leicht von Gottes Eindrücken unterscheiden lassen, weil Gott uns niemals traumatisiert, bedrängt oder manipuliert.

Eingang 4: Eindrücke von Gott, wobei er häufig bekannte Bilder aus unserem Gedächtnis für seine Mitteilungen verwendet. Diese Eindrücke gelangen von seinem Heiligen Geist zu unserem menschlichen Geist, um dann von unseren fünf geistlichen

Sinnen des Herzens wahrgenommen zu werden. Je besser, im Sinne von geübter, der Zugang zu unserem Herzen ist, desto leichter fällt es uns, die Quelle der Eindrücke zu unterscheiden.[10] Auch hier können interne Filter aktiv sein, die eine von Gott geschenkte Prophetie „einfärben".[11]

Somit hätten wir geklärt, wie wir Eindrücke von Gott bekommen. Lass mich dir ein praktisches Beispiel dafür geben. Wenn du Gott um einen Eindruck bittest, projiziert sich auf deinem inneren Monitor der Wahrnehmungen vielleicht eine grüne Wiese. Du denkst möglicherweise, na ja, heute bin ich an einer Wiese vorbeikommen. Das mag sein, aber der Schlüssel zum Aktivieren der geistlichen Wahrnehmung besteht darin, Gott zu fragen: „Was für eine Wiese sehe ich gerade in mir?" Oder: „Wo befindet sich diese Wiese?" So könnte Gott dir offenbaren, dass sich diese Wiese im Paradies befindet und er dir dort weitere Dinge zeigen bzw. tiefere Einblicke in das Paradies offenbaren möchte.[12]

Viele Menschen steigen bei den Eindrücken bzw. Visionen leider zu früh aus. Ihr Verstand redet ihnen die geistliche Bedeutung der Wahrnehmungen aus. Der Schlüssel ist, den Vater, Jesus oder den Heiligen Geist zu fragen, und das anhaltend. Genau das macht eine funktionierende Beziehung aus. Wenn du die ersten, meist einfachen Bilder bzw. Offenbarungen von Gott bekommst, bist du vergleichbar einem Baby, das die ersten Worte in seiner Muttersprache von den Eltern lernt.

> *Dann sagte er [Jesus]: „Ich versichere euch: Wenn ihr nicht umkehrt und werdet wie die Kinder, werdet ihr nie ins Himmelreich kommen"* (Matthäus 18,3 NLB).

Der nächste Stolperstein könnte die Aussage des Apostels Paulus in 1. Thessalonicher 5,21 (LUT) sein:

---

[10] Siehe hierzu das Kapitel „Unterscheidung der Geister" in diesem Buch.

[11] *Die prophetisch Begabten werden von ihren Eingebungen nicht überwältigt, sondern haben es selbst in der Hand, wann und wie sie sie weitergeben* (1. Korinther 14,32 GNB).

[12] So ist die Vision in Kapitel 3 „Ein tiefer Blick ins Paradies" in meinem ersten Buch „Komm höher herauf!" entstanden.

Prüft aber alles und das Gute behaltet.

Versteht mich nicht falsch, in bin ein Fan davon, alle Offenbarungen zu prüfen, ob sie von Gott sind. Zum Glück hatte Gott mir einen Gebetspartner an die Seite gestellt, der mehr Erfahrung mit Gottes Reden hatte als ich. Wie soll jemand, der selber keine Erfahrung mit prophetischen Eindrücken und Offenbarungen von Gott hat, deine Eindrücke prüfen?

Die allererste Prüfung besteht in der Frage: Widerspricht dein Eindruck dem Wort Gottes in der Bibel? Nimm dir eine Konkordanz oder die Suchfunktion in deiner Bibel-App und lies nach, was Gott zu dem Thema sagt. Hiermit lässt sich einiges gleich differenzieren oder aussortieren. Möglicherweise musst du nochmal tiefer in den Dialog mit Gott über die Eindrücke einsteigen. Doch manche prophetischen Eindrücke sind nicht so leicht zu prüfen, wie zum Beispiel, wenn sie eine Handlungsaufforderung beinhalten.

Lass mich dir dafür ein Beispiel aus der Zeit der frühen Gemeinde geben:

Es war aber ein Jünger in Damaskus, mit Namen Hananias; und der Herr sprach zu ihm in einer Erscheinung: Hananias! Er aber sprach: Siehe, hier bin ich, Herr! Der Herr aber sprach zu ihm: Steh auf und geh in die Straße, welche die ‚Gerade' genannt wird, und frage im Haus des Judas nach einem mit Namen Saulus von Tarsus! Denn siehe, er betet; und er hat in der Erscheinung einen Mann mit Namen Hananias gesehen, der hereinkam und ihm die Hände auflegte, damit er wieder sehend wird (Apostelgeschichte 9,10-12).

Hananias war ein Jünger Jesu, der in Damaskus lebte. Er war weder ein Ältester noch ein Apostel. Überlege dir einmal, was passiert wäre, wenn Hananias sich mit der Bitte um Prüfung dieses Eindrucks an die Ältesten (oder wie heutzutage üblich, den Pastor) seiner Gemeinde gewandt hätte. Auf Grund des üblen Rufes von Saulus, Christen zu verfolgen, hätten sie Hananias vermutlich vehement ausgeredet, Saulus aufzusuchen. Dann wäre Saulus (Paulus) weiter blind umhergeirrt und uns stünden wesentliche Teile des Neuen Testaments nicht zur Verfügung.

Doch was tat Hananias stattdessen? Er war sich – völlig zurecht – unsicher über das, was er gerade geoffenbart bekommen hatte, und fragte bei Gott nach:

> *Herr, ich habe von vielen über diesen Mann gehört, wie viel Böses er deinen Heiligen in Jerusalem getan hat. Und hier hat er Vollmacht von den Hohen Priestern, alle zu binden, die deinen Namen anrufen* (Apostelgeschichte 9,13-14).

Bedenke an dieser Stelle, wir machen es uns leicht, da wir den Rest der Geschichte der Verwandlung von Saulus zu Paulus kennen. Diese Information war jedoch damals noch nicht vorhanden.

> *„Der Herr aber sprach zu ihm: Geh hin! Denn dieser ist mir ein auserwähltes Werkzeug, meinen Namen zu tragen sowohl vor Nationen als auch vor Könige und Söhne Israel. Denn ich werde ihm zeigen, wie vieles er für meinen Namen leiden muss* (Apostelgeschichte 9,15-16).

Damit war die Prüfung erledigt, denn **Gott selber hatte den Eindruck von Hananias bestätigt** (so können auch wir nach Bestätigung fragen, wenn wir uns über einen Eindruck unsicher sind).

Er hatte von Gott eine konkrete Prophetie über die Berufung von Paulus bekommen. Also machte er sich sofort auf, Gottes Auftrag zu erledigen: *„Hananias aber ging hin und kam in das Haus; und er legte ihm die Hände auf und sprach: Bruder Saul, der Herr hat mich gesandt, Jesus – der dir erschienen ist auf dem Weg, den du kamst –, damit du wieder sehend und mit Heiligem Geist erfüllt wirst. Und sogleich fiel es wie Schuppen von seinen Augen, und er wurde sehend, und stand auf und ließ sich taufen“* (Apostelgeschichte 9,17-18).

Das alles passierte nur, weil Hananias Gottes Stimme gehört und nachgefragt hatte. So konnte Gott die Blindheit von Saulus wegnehmen, welchem es dann buchstäblich wie Schuppen von den Augen fiel, woraufhin er sich taufen ließ.

Du fragst dich vielleicht: Was tue ich, wenn mein Eindruck bzw. meine Offenbarung von Gott nicht eindeutig ist? Dafür hat uns Jesus eine Hilfestellung zur Unterscheidung gegeben:

> *An ihren Früchten werdet ihr sie erkennen. Liest man etwa von Dornen Trauben oder von Disteln Feigen? So bringt jeder gute Baum gute Früchte, aber der faule Baum bringt schlechte Früchte. Ein guter Baum kann nicht schlechte Früchte bringen, noch kann ein fauler Baum gute Früchte bringen. Jeder Baum, der nicht gute Frucht bringt, wird abgehauen und ins Feuer geworfen. Deshalb, an ihren Früchten werdet ihr sie erkennen* (Matthäus 7,16-20).

Manches von Gott Geoffenbarte lässt sich erst im Nachhinein an den Früchten erkennen.

Praxisteil: Wie bekomme ich Visionen?

Genug mit der Theorie, kommen wir zur Praxis. Nur Mut, dabei kann nichts schiefgehen. Damit du auf der sicheren (biblischen) Seite bist, habe ich dir die relevanten Bibelstellen angegeben. Wenn du dir unsicher bist, lies bitte zuerst die Bibelstellen, meditiere darüber und vor allem, bitte dabei den Heiligen Geist, dir Offenbarung über das Gelesene zu schenken.

Ich rate dir, zunächst ein kleines Gebet, angelehnt an Johannes 16,3[13], Johannes 10,27[14], Epheser 1,18[15] und Jesaja 50,4b[16] sowie Hebräer 5,14[17] zu beten:

---

[13] *Wenn aber jener, der Geist der Wahrheit, gekommen ist, wird er euch in die ganze Wahrheit leiten; denn er wird nicht aus sich selbst reden, sondern was er hören wird, wird er reden, und das Kommende wird er euch verkündigen* (Johannes 16,13).

[14] *Meine Schafe hören meine Stimme, und ich kenne sie, und sie folgen mir* (Johannes 10,27).

[15] *Er erleuchte die Augen eures Herzens, damit ihr wisst, was die Hoffnung seiner Berufung, was der Reichtum der Herrlichkeit seines Erbes in den Heiligen … ist* (Epheser 1,18).

[16] *Er weckt mich alle Morgen; er weckt mir das Ohr, dass ich höre, wie Jünger hören* (Jesaja 50,4b LUT).

Ich danke[18] dir, Jesus Christus,
dass du mir den Heiligen Geist gesandt hast,
der mich in alle Wahrheit leitet.
Ich danke dir ebenfalls, Jesus Christus,
dass ich als dein Schaf deine Stimme hören kann.

Ich danke dir Heiliger Geist,
dass du mir jetzt erleuchtete Augen des Herzens schenkst,
damit ich erkennen kann, zu welcher Hoffnung ich berufen bin,
welcher Reichtum an Herrlichkeit mir zugedacht ist
und welche Macht mir als Gläubigem gegeben ist.
Ich danke dir ebenfalls, Heiliger Geist,
dass du mir jetzt die Ohren des Herzens öffnest,
sodass ich deine Stimme hören kann.

Danke Heiliger Geist,
dass jetzt alle meine geistlichen Sinne aktiviert werden.
Bitte lehre mich, sie in deinem Sinne zu benutzen.
AMEN.

Übung 1:

Schließe bitte deine Augen und stelle dir einen Baum vor. Zur Verdeutlichung aus der Skizze im vorigen Kapitel: Du hast gerade aus deinem Speicher (Gedächtnis) das Bild eines Baumes abgerufen und es projiziert sich auf den internen Monitor deiner Vorstellungskraft.

Als Nächstes sprich laut aus: „Heiliger Geist, bitte verändere das Bild des Baumes, das ich gerade in meinem Inneren sehe." Durch dieses Gebet gibst du dem Heiligen Geist die Erlaubnis, das Bild in dir zu verändern. Um wieder zu der Skizze aus dem

---

[17] *Die feste Speise aber ist für Erwachsene, die infolge der Gewöhnung geübte Sinne haben zur Unterscheidung des Guten wie auch des Bösen* (Hebräer 5,14).

[18] Ich formuliere so ein Gebet lieber als Dankgebet gemäß Markus 11,24 (GNB): *„Deshalb sage ich euch: Wenn ihr Gott um irgendetwas bittet, müsst ihr nur darauf vertrauen, dass er eure Bitte schon erfüllt hat, dann wird sie auch erfüllt."* Es geht alternativ natürlich auch mit der Formulierung: Ich bitte dich, Jesus Christus, ...

vorherigen Kapitel zurückzukehren, sind wir jetzt bei Eingang 4 (prophetische Eindrücke / Visionen von Gott) angekommen. Das Bild müsste sich jetzt in dir verändert haben.

Übung 2:

Was die Ohren des Herzens betrifft, kannst du Jesus zum Beispiel folgende Frage stellen: „Was denkst du gerade über mich? Bitte sprich zu mir." Du könntest dann etwas in der Art von Jeremia 31,3 in deinem Geist hören: *„Der HERR ist von Ferne gekommen und spricht zu dir: Ich habe dich schon immer geliebt. Deshalb habe ich dir meine Zuneigung so lange bewahrt"* (nach Jeremia 31,3 NLB).

Als Antwort auf deine Bitte kann Gott dich zum Beispiel auch nur an Jeremia 31,3 erinnern. Dann schlage die Bibelstelle nach. Oder dir kommt „Liebe" in den Sinn und du suchst dir in der Bibel über eine Konkordanz bzw. die Suchfunktion deiner Bibel-App einige Bibelstellen über Liebe heraus. Für mich fühlt es sich häufig so an, als ob der Heilige Geist ein Ausrufezeichen bei der Bibelstelle setzt (geistlich markiert), die er konkret für mich lebendig machen will, wenn ich mich tiefer darauf einlasse, indem ich in meinem Herzen die Worte betend bewege.

Da alle deine geistlichen Sinne durch dein Dankesgebet beginnen, langsam aktiv zu werden (das ist ein Prozess des Erwachens), kann es auch sein, dass du auf die Frage an Jesus: „Was denkst du gerade über mich?", die Liebe Gottes auf deiner Gefühlsebene spürst. Das kann so weit gehen, dass du von der Liebe des Vaters für dich regelrecht überwältigt wirst. Das ist dann allerdings mit Worten nur schwer zu beschreiben. Bei einigen meiner Visionen ist es mir (derzeit) nicht möglich, passende Worte dafür zu finden, um sie zu beschreiben. Mir ist bewusst, dass vielen gerade der emotionale Bereich schwer zugänglich ist. Sie „fühlen" Gott nicht. Ihr Glaube ist zu kopflastig.

Wie ich schon an anderer Stelle erwähnt habe, sind viele Bibelstellen des lebendigen Wortes Gottes ein Durchgang (Portal), um durch Jesus mit Hilfe des Heiligen Geistes an diese Orte in der himmlischen Dimension zu gelangen. Nehmen wir Matthäus 27,51a: *„Und siehe, der Vorhang des Tempels zerriss in zwei Stücke, von oben bis unten."* Das ist das Ereignis unmittelbar nach der Kreuzigung von Jesus, als er für meine und deine Sünden gestorben ist. Um diesen Vers zu verstehen, gebe ich dir in groben Zügen das Bibelwissen, das dazu notwendig ist, weiter.

Im Alten Testament offenbarte sich Gott zuerst den Israeliten in der Stiftshütte und später dann im Tempel in Jerusalem, den Salomo für Gott bauen durfte. Es gab aber ein bestimmtes Protokoll, das unbedingt eingehalten werden musste. Dieser im obigen Vers beschriebene Vorhang trennte das Heiligtum (mit dem Schaubrottisch, dem siebenarmigen Leuchter und dem Räucheraltar) vom Allerheiligsten (mit der Bundeslade darin). In das Allerheiligste durfte der Hohepriester[19] nur einmal im Jahr für die Sühnung der Sünden eintreten. Hätte er dieses Zugangsprotokoll nicht beachtet, wäre er unverzüglich gestorben[20]. Eine dieser Protokollverletzungen kannst du in 4. Mose 16 nachlesen.

In Hebräer 9,24-26 wird uns Folgendes geoffenbart: *„Denn Christus ging in den Himmel selbst, um nun für uns vor Gott einzutreten. Er betrat nicht das irdische Heiligtum, denn dies war nur ein Abbild des wahren Tempels im Himmel. Er ging auch nicht in den Himmel, um sich immer wieder selbst zu opfern, wie die irdischen Priester, die Jahr für Jahr das Heiligtum betreten, um das Blut von Tieren zu opfern. Wenn das nötig gewesen wäre,*

---

[19] *Herrliche Cherubim befanden sich oberhalb der Bundeslade. Ihre Flügel waren über den Deckel der Bundeslade, den Ort der Versöhnung, ausgebreitet. Aber wir können diese Dinge jetzt nicht alle im Einzelnen erklären. Als alles an seinem Platz stand, gingen die Priester regelmäßig im ersten Raum des Zeltes ein und aus und erfüllten ihren Dienst. Doch nur der Hohe Priester betrat das Allerheiligste, und das auch nur einmal im Jahr und immer mit Blut von Opfertieren, das er für sich und für die Sünden des Volkes darbrachte, die es aus Unwissenheit begangen hat* (Hebräer 9,5-8 NLB).

[20] Weil König David die Transportvorschriften der Bundeslade nicht beachtet hatte, kostete dies einem seiner Untergebenen das Leben. Lies dazu die Geschichte von David, Usa und der Bundeslade in 2. Samuel 6,3-9. Als die Leviten dann die Bundeslade mittels der vorgeschriebenen Stangen gemäß den Vorgaben Gottes aus 2. Mose 25,14 trugen, klappte der zweite Versuch (2. Samuel 6,12-15) und David konnte die Bundeslade nach Jerusalem überführen.

hätte er seit Erschaffung der Welt immer wieder sterben müssen. Er kam ein für alle Mal am Ende der Zeiten, um die Macht der Sünde durch seinen Opfertod für uns zu brechen."

Genau diese geistliche Wahrheit aus dem Hebräerbrief symbolisiert der zerrissene Vorhang im Tempel. Konkret heißt das für uns, dass wir den Weg vom Heiligtum in das Allerheiligste im Geist gehen können. Nach 1. Samuel 4,4 thront Gott selber über den auf dem Deckel der Bundeslade angebrachten Cherubim. Im Allerheiligsten konnte Mose mit Gott **sprechen**![21]

Jetzt hängt es davon ab, ob wir wirklich glauben, was in Hebräer 13,8 steht: *„Jesus Christus ist gestern, heute und in Ewigkeit derselbe."* Der von den Toten auferstandene Jesus Christus ist Gott. Nach diesem Vers redet er immer noch, so wie gestern, heute und bis in alle Ewigkeit. Laut der Offenbarung im Hebräerbrief in Kapitel 4, Vers 16: *„Lasst uns nun mit Freimütigkeit hinzutreten zum Thron der Gnade, damit wir Barmherzigkeit empfangen und Gnade finden zur rechtzeitigen Hilfe"*, haben wir Zugang zu diesem Thron der Gnade. Was für ein Vorrecht und eine Chance für die Söhne und Töchter Gottes zu einer Begegnung mit Gott vor seinem Thron!

Zurück zum lebendigen Wort Gottes aus Matthäus 27,51a: *„Und siehe, der Vorhang des Tempels zerriss in zwei Stücke, von oben bis unten."* Dieses Wort nehmen wir im Glauben für uns ganz persönlich an, um durch diese Bibelstelle in das Allerheiligste zu gelangen. Stelle dir dazu wieder auf dem Monitor deiner Vorstellungskraft einen zweigeteilten, vertikal in der Mitte zerrissenen Vorhang vor.[22] Warte, bis du das Bild stabil in dir siehst. Solltest du in deinen Gedanken abgelenkt sein, kein Problem. Stelle dir als Symbol für deine Gedanken Wolken vor, die vorüberziehen und am Horizont verschwinden. Dann fokussiere dich wieder auf den Vorhang.

---

[21] *Der HERR rief Mose von dem Zelt Gottes aus zu sich und sprach zu ihm* (3. Mose 1,1).

[22] Alternativ kannst du dir vorher auch die Bilder der nachgebauten Stiftshütte im Timna Park (Israel) ansehen https://is.gd/GW2bOG

Bitte jetzt den Heiligen Geist, dir zu helfen, im Geist durch diesen Vorhang in das Allerheiligste zu gehen. Gehe anschließend im Geist durch diesen zerrissenen Vorhang auf die Seite hinter dem Vorhang. Es kann hilfreich sein, wenn du diesen Schritt im Geist dadurch unterstützt, dass du mit deinem physischen Körper einen Schritt (im Glauben) nach vorne gehst. Dann beobachte, was anfängt sich dir zu zeigen. Du bist jetzt, weil du es im Glauben ergriffen hast, vor dem Thron der Barmherzigkeit und Gnade in der Gegenwart Gottes. Schaue dich jetzt im Geist um: Was siehst du, was hörst du, was fühlst du? Lass dir dabei Zeit ...

Wenn du fertig bist, gehe im Geist wieder einen Schritt zurück, um sozusagen von der unsichtbaren wieder in die sichtbare Welt zurückzugelangen. Du brauchst keine Angst zu haben, dich in der unsichtbaren Welt zu verlieren. Wenn du mit diesem Visualisieren beginnst, hältst du es meist nur kurze Zeit in der Gegenwart Gottes aus und gehst automatisch wieder zurück. Mit zunehmender Reife können diese Visionen dann länger dauern und detaillierter werden.

Danke dem Heiligen Geist für diese Erfahrung und bitte ihn um weitere Offenbarungen. Du hast mit deinem Herzen geistliche Realitäten gesehen, weil du diesen Schritt im Glauben gegangen bist. Möglicherweise braucht dein Verstand einige Zeit, damit du diese Erfahrung verarbeiten und in Worte fassen kannst. Auf diesem Weg schenkte mir Gott die Visionen, die ich in meinen Büchern in Worte fassen und aufschreiben durfte.

Wenn du den Heiligen Geist darum bittest, wird er dir Begegnungen mit anderen Christen schenken, die schon Erfahrungen mit dem Sehen in der unsichtbaren Welt gemacht haben. Die „im Geist schon mehr Geübten“, können dir helfen, das Gesehene bzw. Gehörte einzuordnen und zu vertiefen. Jesus hat uns die Fülle verheißen. Das sagt er seinen Nachfolgern höchst persönlich in Johannes 10,10b (NLB): *„Ich aber bin gekommen, um ihnen das Leben in ganzer Fülle zu schenken.“* Es sollte daher „normal“ und nicht die Ausnahme sein, dass Gottes Söhne und Töchter seine Stimme hören und Visionen von ihm geschenkt bekommen.

Wie kann ich meine geistlichen Sinne schärfen?

Um gemäß Hebräer 5,14 geistlich geübte Sinne zu bekommen, braucht es vor allem Zeit, um sich tiefer auf Gottes prophetische Träume und Visionen einzulassen. Den Sonntagsgottesdienst und zusätzlich vielleicht einmal die Woche einen Hauskreis zu besuchen, reicht dafür nicht aus. Der Vater, sein Sohn Jesus und der Heilige Geist leben in dir,[23] genauer gesagt, in deinem Geist. Leider sind wir uns dieser Tatsache im Alltag oft nicht bewusst, mich eingeschlossen. Wir sind von den innerlichen Prozessen zu sehr durch die Arbeit im Außen abgelenkt. Doch Christus lebt in uns,[24] ob wir das nun immer realisieren oder nicht. Uns der Gegenwart Christi beständig bewusst zu bleiben, ist meines Erachtens die wichtigste Übung der Jüngerschaft.

In 5. Mose 6,5 steht: *„Und du sollst den HERRN, deinen Gott, lieben mit deinem ganzen Herzen und mit deiner ganzen Seele und mit deiner ganzen Kraft."* Jesus hat dieses Gebot in Lukas 10,27[25] zusammenfassend mit dem Gebot der Nächstenliebe, als das wichtigste Gebot überhaupt bezeichnet. Wenn für dich „die Stimme Gottes hören" sowie prophetische Träume und Visionen optional sind, wird das für dich kaum eine gelebte Realität werden. Mit „optional" meine ich die Haltung vieler Christen, die auch ohne diese Erfahrungen leben können. Meines Erachtens ist das nicht schriftgemäß.

Ich persönlich wollte Gott nicht mehr aus zweiter oder dritter Hand erfahren. Nur in Büchern darüber zu lesen, was andere mit ihm erlebt haben, reichte mir nicht mehr. Ich wollte das, was in

---

23 *Jesus antwortete und sprach zu ihm: Wer mich liebt, der wird mein Wort halten; und mein Vater wird ihn lieben, und wir werden zu ihm kommen und Wohnung bei ihm nehmen* (Johannes 14,23 LUT).

24 *Aus ihm aber kommt es, dass ihr* ***in Christus Jesus seid****, der uns geworden ist Weisheit von Gott und Gerechtigkeit und Heiligkeit und Erlösung* (1. Korinther 1,30).

25 *Er* [Jesus] *aber antwortete und sprach: „Du sollst den Herrn, deinen Gott, lieben aus deinem ganzen Herzen und mit deiner ganzen Seele und mit deiner ganzen Kraft und mit deinem ganzen Verstand und deinen Nächsten wie dich selbst*" (Lukas 10,27).

der Bibel an Interaktion von Gott mit Menschen beschrieben wird, selber erleben. Ich strebte nach diesen Begegnungen mit meinem ganzen Herzen, mit meiner ganzen Seele und mit meiner ganzen Kraft. Da dies zu Anfang natürlich ein paar Nummern zu groß für mich war, berief ich mich auf das, was Jesus in Lukas 18,27 sagte: „*Was bei Menschen unmöglich ist, ist möglich bei Gott.*" So durfte ich Schritt für Schritt an der Hand von Jesus den Weg gehen, nicht nur Gottes Stimme zu hören, sondern auch die in meinen Büchern aufgeschriebenen Visionen zu erleben.

Wenn du mit dieser Intensität danach verlangst, wird Gott mit dir reden und dir Offenbarungen schenken. Das mögen am Anfang vielleicht einfache Bilder oder Fragmente eines Traumes sein. Es liegt dann an dir, dich auf die Einladung Gottes einzulassen, mit ihm darüber zu reden. Um die Sprache des Himmels[26] zu lernen, musst du wie ein Kind fragen und nochmal fragen. Mir passiert es regelmäßig, dass eine Antwort von Gott auf eine meiner Fragen weitere zehn Fragen aufwirft – genauso, wie ein Kind die Mama oder den Papa mit Fragen löchert, um etwas zu verstehen. Das ist die Beziehung, die sich Gott mit uns wünscht, dass wir ihn in alles – gerade auch unseren Alltag – einbeziehen. Gott ist nicht nur an „frommen" Dingen interessiert, sondern an unserem kompletten Leben.

Ich habe festgestellt, dass viele Christen von der Angst blockiert sind, Fehler zu machen. Sie trauen sich nicht, diesen Weg, Gottes Stimme zu hören sowie prophetische Träume und Visionen zu bekommen, zu gehen. Werden wir Fehler auf diesem Weg machen? Ja natürlich. Ich habe viele Fehler auf dem Weg gemacht, leider auch ein paar sehr grobe. Für Gott war es jedoch kein Problem, diese Fehler zu korrigieren. Es war demütigend für mich, diese Fehler einzugestehen und vor Gott zu bringen. Doch: „*Gott widersteht den Hochmütigen, den Demütigen aber gibt er Gnade*" (Jakobus 4,6b).

---

[26] Siehe auch: „Die Sprache des Himmels verstehen: Erkenne und entfalte Gottes Wirken in jedem Bereich deines Lebens", Blake K. Healy, GloryWorld-Medien, Juli 2023.

Jesus vergab mir meine Fehler[27] und korrigierte die Auswirkungen. So konnte ich wieder aufstehen und mit ihm den Weg an seiner Seite weitergehen. Wir sollen und können auch gar nicht perfekt sein.[28] Das Streben nach Perfektion hindert uns daran, voranzugehen. Nur Gott selber ist allmächtig[29] und allwissend[30]. Wir bleiben in diesem Prozess des Wachstums und der Schulung durch den Heiligen Geist auf der einen Seite demütig, und auf der anderen Seite lernen wir aus unseren Fehlern. So können wir der eigentlichen Gefahr entgehen, uns an dem, was Gott uns offenbart (an dem Heiligen) zu vergreifen und es damit zu verderben. Je weiter und tiefer die Offenbarungen von Gott gehen, desto größer ist die Gefahr, dass wir uns überheben und denken, es läge an uns, dass wir so große Visionen bekommen. Einige der bekannten Männer und Frauen Gottes sind daran gescheitert. Sie wurden elitär.

Es ist hilfreich, Gott um Freundschaften zu Menschen zu bitten, die diesen Weg ebenfalls gehen und schon mehr Erfahrung (geübtere Sinne) darin haben. Gott wird dir solche Begegnungen schenken. Du kannst dir auch visionäre Bücher kaufen und Videos von prophetisch begabten Leuten ansehen. Doch lies diese Bücher bitte nicht wie einen „Roman" und schaue die Videos nicht wie eine Fernsehserie an. Sei aufmerksam und erwarte, dass der Heilige Geist die Visionen, von denen du liest oder hörst, bei dir vertieft.

Nur die enge Beziehung zu Jesus und die Bereitschaft, dich jederzeit von ihm korrigieren zu lassen, bewahrt dich davor, stolz zu werden und vom Weg Gottes abzuweichen. Doch auch

---

27 *Wenn wir unsere Sünden bekennen, ist er* [Jesus] *treu und gerecht, dass er uns die Sünden vergibt und uns reinigt von jeder Ungerechtigkeit* (1. Johannes 1,9).

28 *Wenn wir sagen, dass wir keine Sünde haben, betrügen wir uns selbst, und die Wahrheit ist nicht in uns* (1. Johannes 1,8).

29 *Jesus kam und sagte zu seinen Jüngern: „Mir ist alle Macht im Himmel und auf der Erde gegeben"* (Matthäus 28,18 NLB).

30 *Wie wunderbar ist doch Gott! Wie unermesslich sind seine Reichtümer, wie tief seine Weisheit und seine Erkenntnis! Unmöglich ist es uns, seine Entscheidungen und Wege zu begreifen! Denn wer kann wissen, was der Herr denkt? Wer kann sein Ratgeber sein?* (Römer 8,33-34).

davor brauchen wir uns nicht zu fürchten, und zwar z. B. aufgrund folgender Verheißung:

> *Und wären wir hoch über dem Himmel oder befänden uns in den tiefsten Tiefen des Ozeans, nichts und niemand in der ganzen Schöpfung kann uns von der Liebe Gottes trennen, die in Christus Jesus, unserem Herrn, erschienen ist*" (Römer 8,39 NLB).

In diesem Sinne seid gesegnet und habt viel Freude[31] daran, an der Hand von Jesus den Weg, seine Stimme zu hören sowie prophetische Träume und Visionen geschenkt zu bekommen, zu gehen.[32]

---

[31] *Und seid nicht bekümmert; denn die Freude am HERRN ist eure Stärke* (Nehemia 8,10b LUT).

[32] Meine persönliche „prophetische Reise" begann mit dem Buch: „Die Geisterstadt – Das Geheimnis des Bösen" von Frank Krause – GloryWorld-Medien 2018.

Danksagungen

Mein Dank gilt in erster Linie Jesus Christus, dem himmlischen Vater und dem Heiligen Geist. Ohne eure Liebe, Hilfe und Beharrlichkeit hätte ich dieses Buch nicht schreiben können. Danke, dass ich, wie schon bei meinem ersten Buch, die Zeit dazu gefunden habe.

Dann danke ich natürlich meiner lieben Frau Esther. In schwierigen und finsteren Stunden, als ich selber nicht mehr weiterkam, haben mich deine Gebete durchgetragen. Du bist der beste Schatz, den mir Jesus auf dieser Erde geschenkt hat.

Ich danke ebenfalls meinem Freund, dem Autor Frank Krause. Ohne deine tiefgehenden Gespräche und visionären Bücher hätte ich mich nie auf den Weg gemacht, mich nach den tieferen Offenbarungen Gottes auszustrecken. Vielen Dank auch für dein Lektorat; dadurch wurde dieses Buch wesentlich lesbarer. Durch unseren gemeinsamen virtuellen Coaching-Dienst ist mir vieles, was ich glaube und wie ich glaube, viel tiefer bewusst geworden und ich kann es besser in Worte fassen.

Mein Dank geht zudem an Henk Bruggeman. Du bist in Fleisch und Blut die Botschaft von der Liebe des Vaters geworden. Es hat mich sehr gefreut, dass wir eine Videoserie über das Vaterherz Gottes live streamen konnten.[1] Dadurch bin ich dem Vaterherzen Gottes nähergekommen und konnte weitere Visionen vom Vater empfangen.

Auch Pamela Giehl und Barbara Rumpus aus Schorndorf sage ich herzlichen Dank. Ihr seid mir in Vielem ein Vorbild. Durch den Dienst mit euch bei *Kingdom Life NOW*[2] durfte ich

---

[1] Die Videoserie könnt ihr euch hier ansehen: http://vaterherz-bruggeman.de/livestreams-kln.html.

[2] Die Videos von Kingdom Life NOW sind mittlerweile alle auch auf der Video-Plattform Rumble verfügbar: https://rumble.com/user/KingdomLifeNow

prophetische und apostolische Sprecher und Sprecherinnen aus aller Welt kennenlernen, was meinen Horizont immer noch erweitert. Es ist einerseits eine Herausforderung und andererseits ein großer Segen für mich, in eurem Team zu dienen.

Danke an Peter Ischka und dem ganzen Team von BEWEGEN[3], dass ich bei euch im Worship-Team dienen durfte. Die BEWEGEN-Veranstaltungen sind für mich stets eine Quelle für neue Inspirationen.

Danke vor allem auch an Harald Borisch.[4] Deine Prophetie, ich würde noch weitere Bücher schreiben, hat letztendlich den Ausschlag gegeben, dieses zweite Buch zu verfassen.

Vielen Dank an alle, die mir ein Feedback zu meinem ersten Buch gegeben und sich auf die Abenteuerreise eingelassen haben, selber Visionen zu empfangen.

Es gäbe noch viele andere liebe Menschen zu erwähnen, die ich Freunde nennen darf und die meinen Dienst unterstützen. Herzlichen Dank an euch für eure Begleitung, Gott segne euch ganz besonders.

---

[3] Die Videos der BEWEGEN-Veranstaltungen findet man hier: https://bewegen.love/

[4] Die Videos von Harald Borisch sind hier abrufbar: https://rumble.com/c/c-2174990

Über den Autor

Markus Herbert hat schon über 750 Videos bzw. Live-Streams für verschiedene christliche YouTube- bzw. Rumble-Kanäle produziert (u. a. für Frank Krause, Kingdom Life NOW und Henk Bruggeman), eingeschlossen die Betreuung der dazugehörigen Webseiten.

Er spielt Percussion in mehreren Lobpreisbands und ist dadurch seit über 12 Jahren deutschlandweit auf verschiedenen Konferenzen und Seminaren unterwegs (BEWEGEN, Kingdom Life NOW, Frank Krause), manchmal auch mit eigenen Vorträgen. Mehr gibt es auf seiner Website sowie seinem Podcast „Gateways to Heaven“ (Tore zum Himmel) zu sehen bzw. zu hören.

Er arbeitete 25 Jahre als selbstständiger Unternehmensberater im Computersektor, bis ihn Gott zu einem Sabbatjahr inklusive Verlängerung überreden konnte. Mit seiner Frau Esther lebt er in Würzburg.

Website: www.torezumhimmel.de
E-Mail: info@ToreZumHimmel.de

Weitere Produkte von GloryWorld-Medien

„Himmlische Bücher für die Erde"

Blake K. Healy, Durch den Schleier sehen

Eine Einladung in die unsichtbare Welt; 176 S. Pb.

Blake K. Healy sieht Engel und Dämonen seit seiner Kindheit – und zwar so klar wie natürlich sichtbare Dinge. Er sieht zum Beispiel Engel in Anbetungsgottesdiensten tanzen und Ermutigungsworte in die Ohren von Menschen flüstern, doch genauso sieht er auch Dämonen, die sich an Leute heften und so Abhängigkeiten, Lügen und Bitterkeit in deren Herzen und Gedanken aufrechterhalten.

In diesem Buch erzählt er einige dieser Begegnungen und wie er in dieser Gabe reifte und dabei die Angst und Verwirrung über die Dinge, welche er sah, überwand. Und ebenso, und wie er lernte, die Gabe des Sehens zu Gottes Verherrlichung zu nutzen und andere darin zu lehren. *„Ich wollte nicht, dass dieses Buch jemals endet!"* (Bill Johnson)

Blake K. Healy, Vollkommen gut

Gott mit den Augen seiner Liebe sehen lernen; 184 S., Pb.

Auch in diesem Buch lässt uns Blake Healy daran teilhaben, was er in alltäglichen und speziellen Situationen im Geist sieht, sei es bei einer Gerichtsverhandlung, zu Hause, im Freibad, oder bei einem evangelistischen Einsatz. Doch schmerzhafter, als im Geist die klaffenden Wunden eines emotionalen Traumas oder dämonische Gebundenheit zu sehen, ist für ihn, *wenn die Güte Gottes von seinem Volk nicht in Anspruch genommen wird.*

Mit diesem Buch verfolgt er deshalb zwei Ziele: Er möchte anhand von drei Schlüsseln die *Gabe des Sehens im Geist in uns aktivieren,* und er möchte, dass wir dadurch *die Güte Gottes wiederentdecken.*

Blake K. Healy, Unzerstörbar

Führe deine geistlichen Kämpfe aus der Perspektive des Himmels; 192 S., Pb.

Welche Fallen und Taktiken wenden Dämonen an, und wie können wir diese meiden? Dieses Buch fasst zusammen, was Blake K. Healy in über dreißig Jahren über die Pläne des Feindes und ebenso die des Himmels gelernt hat.

Wir lernen, wie wir die Komplotte, Pläne und Lügen des Feindes aufdecken und abwehren können und gleichzeitig die Pläne des Himmel vorantreiben können. Sein Hauptanliegen ist dabei, dass wir den geistlichen Kampf nicht aus eigener Kraft, sondern aus der Perspektive des Himmels führen, und ein Leben aufbauen, das unzerstörbar ist.

Dr. Henry Wright

Die geistlichen Ursachen von Krankheiten

Klare Antworten auf Ihre Fragen zu Krankheitsprävention und Heilung, 208 Seiten, Pb.

Gemäß den langjährigen Erfahrungen des Autors haben etwa 80 Prozent aller Krankheiten eine geistliche Ursache und sind die direkte Folge einer gestörten Beziehung zu Gott, zu uns selbst oder zu anderen. Gott offenbarte ihm aus seinem Wort, was die geistlichen Ursachen von Krankheiten und den Blockaden zur Heilung sind.

Er geht insbesondere auf folgende Krankheitsarten ein: Allergien, Autoimmunerkrankungen, psychische Störungen, Herz-Kreislauf-Erkrankungen und Belastungsstörungen (z. B. Stresskrankheiten).

James Goll

Geistlich wahrnehmen und unterscheiden

Wie wir Offenbarungen empfangen, prüfen und anwenden können; 216 S.

James Goll erklärt, dass jeder Nachfolger Jesu geistliche Offenbarungen empfangen und prüfen kann, auch wenn einige als Propheten besonders begabt sind. Er legt präzise dar, wie wir unsere Sinne dem Heiligen Geist hingeben können, damit wir geistlich wahrnehmen können.

Und er erläutert, wie wir Offenbarungen prüfen, anwenden und letztlich verinnerlichen können, damit die Menschen sie nicht nur hören, sondern in uns sehen.

Für das vertiefte Studium ist ein Arbeitsbuch erhältlich.

James Goll, Die Gaben des Heiligen Geistes freisetzen; 216 S., Paperback

Der Heilige Geist demonstriert Gottes übernatürliche Kraft durch seine Gemeinde heute, indem seine Herrlichkeit auf globaler Ebene freigesetzt wird. Alle Gaben Gottes sind immer noch voll funktionsfähig, und jeder einzelne Gläubige ist dazu bestimmt, im Fluss Gottes zu leben und seine Bestimmung zu erfüllen.

James Goll zeigt auf, wie der Heilige Geist durch die neun bekanntesten Geistesgaben wirkt und wie wir sie unter Gottes Leitung für die Erfüllung des Missionsbefehls einsetzen können.

Anhand vieler anschaulicher Beispiele aus der Bibel und aus der Gegenwart lernen wir, wie geistliche Gaben in der Praxis funktionieren. Aber es geht in diesem Buch nicht nur darum, wie man seine geistlichen Gaben entdeckt oder empfängt, sondern wie man sie freisetzt und weitergibt!

Für das vertiefte Studium ist ein Arbeitsbuch erhältlich.

Henk Bruggeman

Das Herz des Vaters entdecken

Unsere Identität als Söhne und Töchter Gottes empfangen

200 S.; Paperback

Gott sehnt sich mehr denn je danach, seinen Kindern sein Vaterherz zu offenbaren. Er möchte, dass wir ihn nicht nur mit dem Kopf, sondern vor allem mit dem Herzen kennenlernen. Statt einer Distanziertheit soll eine innige Vertrautheit unsere Beziehung zu ihm prägen. Darüber hinaus möchte er uns aber eine neue Identität schenken: die Identität der Sohnschaft. Wir entdecken mehr und mehr, wie wir als echte Söhne und Töchter Gottes leben können.

Tommy Welchel und Michelle P. Griffith

Wahre Geschichten und Wunder der Azusa Street

Eine der größten Erweckungen der Geschichte, die heute wieder aktuell ist; 200 S., Pb.

Tommy Welchel besuchte in den 1960er-Jahren die Leute, die als Jugendliche wesentlich an einer der größten geistlichen Erweckungen beteiligt waren – der Azusa-Street-Erweckung. Sie erzählten ihm aus erster Hand, welche außergewöhnlichen Wunder und Heilungen sie damals erlebten, wenn sie für Menschen beteten.

Erst vor Kurzem gab Gott dem Autor die Erlaubnis, diese Geschichten in Buchform zu veröffentlichen. Inzwischen werden sie auf der ganzen Welt erzählt und die Folgen sind immer noch erstaunlich: Wunderbare Heilungen, übernatürliche Phänomene und Lösungen für das Unmögliche.

Frank Krause, Die neun Schleusen des Herzens

160 S., Paperback

Wie geschieht es, dass die Verheißung Jesu, dass aus unserem Innern Ströme von lebendigem Wasser fließen werde, wenn wir an ihn glauben, zu unserem normalen Erleben wird? Dass andere uns als Quelle und nicht als Zisterne, als Oase und nicht als Wüste wahrnehmen?

Als Frank Krause diese Frage vor Gott bewegte, ließ dieser ihn im Geist sein eigenes Herz sehen und durchwandern. Er zeigte ihm, dass unser Herz neun „Schleusen" hat, entsprechend den neun Aspekten der Frucht des Geistes.

Diese Schleusen wollen in uns geöffnet und freigesetzt werden, damit der Geist mit ganzer Kraft durch uns strömen kann und wir mit seiner Frucht überfließen. Nun können wir auch anderen helfen, diese Fülle zu erleben, sodass in der Folge echte Gemeinschaften der Heiligen entstehen.

Jonathan Welton, Die Schule der Seher

Eine praktische Anleitung, wie man ins Unsichtbare hineinsehen kann; 224 S.; Pb.; Vorwort von Randy Clark

Viele Christen haben angefangen, übernatürliche Phänomene zu erleben: Träume, (offene) Visionen, Engel oder Dämonen. Aber es mangelt ihnen an solider biblischer Lehre und sie sind zu dem geworden, was man als *Seherwaisen* bezeichnet: Sie suchen verzweifelt nach jemandem, der sie trainiert, ermutigt und freisetzt.

Das Ziel von Jonathan Welton war deshalb, ein praktisches Handbuch herauszubringen, das den Leib Christi mit den Informationen ausrüstet, die notwendig sind, um in der Dimension des Prophetischen bzw. des Sehers zu wachsen und im Leben im Übernatürlichen Reife zu erlangen.

Cornelia Weinmann, Jesus ruft seine Braut

Gottes Herzschlag für Deutschland entdecken

344 S., Paperback.

Wofür schlägt Gottes Herz, was ist die Berufung der Braut Christi in Deutschland und was könnte uns hindern, diese Berufung anzunehmen?

Dieses Buch entfaltet die atemberaubende Liebesgeschichte zwischen Gott und uns Menschen, wie sie im Hohelied angedeutet wird. Wir sind eingeladen, Jesu Braut zu sein! Insbesondere werden wir dabei auch den Herzschlag Gottes für Deutschland entdecken.

Sind wir von den Traumata der Vergangenheit befreit, können wir im Takt seiner Liebe in neugewonnener Leichtigkeit in eine neue Zukunft gehen. Der Ruf geht nämlich schon durch die Welt: „Seht, der Bräutigam kommt! Geht hinaus, ihm entgegen!" (Mt. 25,6).

Dr. Charity Virkler-Kayembe / Dr. Mark Virkler

Höre Gott durch deine Träume

Gottes Reden in der Nacht verstehen; 288 S., Pb.

In der Bibel finden wir sehr viele Beispiele für Gottes Reden durch Träume. Auch heute möchte er uns durch Träume wichtige Botschaften zukommen lassen. Doch beachten wir sie oft wenig oder wissen nicht, wie sie zu deuten sind.

Diesem Missstand möchte dieses Buches abhelfen. Die Autoren haben sehr viele Erfahrungen im Umgang mit Gottes Reden gesammelt. Das Buch ist ein praktischer, leicht verständlicher und biblischer Leitfaden, um die Sprache zu verstehen, die Gott in unseren Träumen benutzt.

Luc Niebergall, Eine zeitlose Reise

Wie ich den Himmel erkunden und meine Identität empfangen durfte; 144 S., Paperback

Ab dem Alter von 16 Jahren wurde Luc Niebergall eine unglaubliche „Reise" in die Herrlichkeit der Person Jesu zuteil. Nach acht Jahren Visionen, Träumen und himmlischen Begegnungen schrieb er einiges davon auf.

Dieses Buch ist ein Aufruf an die Söhne und Töchter Gottes, ihr volles Erbe zu empfangen, das darin besteht, in einer ewigen, intimen Beziehung zu Gott selbst zu leben. Begegnen wir der intimen Liebe Gottes, des Vaters, fällt die falsche Identität der Waisenschaft von uns ab. Wir werden zu siegreichen Söhnen und Töchtern, welche den Nationen Heilung und Wiederherstellung bringen.

Luc Niebergall

Einen prophetischen Lebensstil entwickeln

Werde zum Sprachrohr Gottes für die Welt!

120 S., Paperback

Als Söhne und Töchter Gottes haben wir die übernatürliche Fähigkeit erhalten, seine Stimme zu hören. Zu verstehen, wie er zu uns spricht, ist ein wesentlicher Faktor, um den Herrn als Freund zu kennen.

Der prophetische Dienst ist nicht wenigen Auserwählten vorbehalten, sondern für alle da. Gott erweitert unsere Fähigkeit zu verstehen, wie er mit uns spricht: durch sein (leises) Reden, durch Visionen, Träume und viele andere Wege. Gott weckt unsere geistlichen Ohren, sodass wir sein Sprachrohr für diejenigen sein können, denen er eine Begegnung mit seiner Liebe schenken möchte.

Luc Niebergall

Ganzheitlich siegreich leben

Wie wir in allen Lebensbereichen gegen die Angriffe des Feindes immun werden; 124 S., Paperback

Der geistliche Kampf scheint ein komplexes Thema zu sein. Luc Niebergall liegt daran, es zu entmystifizieren und einfach verständlich zu machen. Er stellt dazu praktische und geistliche Werkzeuge vor, die uns helfen, siegreich zu leben, was Körper, Seele und Geist angeht.

Somit wird unser ganzes Wesen unter die Herrschaft Jesu gebracht, anstatt dem Feind in irgendeiner Form Raum zu geben. Verstehen wir unsere königliche Identität, können wir den geistlichen Kampf aus einer Haltung der Ruhe, der Autorität und des Sieges führen.

Phil Mason, Quanten-Herrlichkeit

Die Wissenschaft von der Inbesitznahme der Erde durch den Himmel; 520 Seiten, Paperback

Quanten-Herrlichkeit erläutert auf eine äußerst spannende Weise die Zusammenhänge zwischen den faszinierenden Erkenntnissen der Quantenmechanik und der Herrlichkeit Gottes, die sich u. a. in Heilungswundern äußert.

Der erste Teil untersucht die subatomare Welt und enthüllt ihren außergewöhnlich komplexen göttlichen Plan, der die Genialität unseres Schöpfers offenbart.

Im zweiten Teil erklärt der Autor ausführlich, wie die Herrlichkeit Gottes in unser physisches Universum eindringt, um Wunder göttlicher Heilung zu bewirken.

Das Buch ist vollgepackt mit verblüffenden Erkenntnissen, aber mehr als das, ist es dazu bestimmt, uns für den übernatürlichen Dienst auszurüsten, damit wir die Herrlichkeit Gottes auf der Erde freisetzen, wie sie im Himmel ist!

Phil Mason, Die Ergründung des Herzens

Eine Einführung in die Herzensrevolution; 240 S., Pb.

Band 1 der Reihe „Übernatürliche Transformation"

Willkommen zur Herzensrevolution! Phil Mason bringt uns mit diesem Buch wieder mit dem Herzen Gottes – und somit auch unserem eigenen Herzen – in Verbindung. Begegnen wir der verschwenderischen Liebe des Vaters, erweckt sie in unserem Herzen eine neue Begeisterung und Leidenschaft.

Jesu Modell der Herzensverwandlung stützt sich nicht auf irdische Weisheit und Methoden. Er möchte, dass wir durch eine Begegnung mit der Herrlichkeit und Macht Gottes verwandelt werden.

Phil Mason, Das Wunder der Neuen Schöpfung

Die Grundlage der Herzensrevolution; 264 S., Pb.

Band 2 der Reihe „Übernatürliche Transformation"

Was genau passiert bei der Wiedergeburt eines Christen? Welche Segnungen gehen damit einher? Wie kommen wir dahin, vom Geist bestimmt zu werden? Und wie geschieht es, dass wir ganz heil werden und immer mehr Christus widerspiegeln?

Phil Mason legt die umfassende Grundlage dafür, dass jeder Christ die Tatsachen und Prozesse versteht, die uns zu siegreichen Christus-Nachfolgern machen. Das ist Voraussetzung für die Revolution, die Gott in seiner Gemeinde gerade in Gang bringt.

Barry & Lori Byrne, Liebe in der Ehe

Eine tiefere geistliche, emotionale und körperliche Einheit erleben; Vorwort von Bill Johnson; 334 S., Klappenbroschur

Gott möchte, dass die Ehe ein Ort echter Liebe und Vertrautheit ist. Dafür brauchen wir die Hilfe des Heiligen Geistes. Mit ihm können wir die Ursachen unserer Konflikte erkennen und überwinden. Unsere Ehe kann Heilung und Wiederherstellung erfahren, egal, wie der momentane Zustand ist.

Mit klarer biblischer Lehre und vielen praktischen Hilfen packen die Autoren die wichtigsten heißen Eisen an. Viele ermutigende Erfahrungsberichte verdeutlichen die dramatische Heilung und Intimität, die mit Gottes Hilfe möglich ist.

Dr. Larry Richards

Die volle Waffenrüstung Gottes

Gut geschützt gegen die Angriffe des Bösen; 208 Seiten, Pb.

Die Bibel macht deutlich, dass ein Großteil unserer Unsicherheiten, Ängste und Zweifel auf den Machenschaften böser Mächte beruhen. Deshalb ist es so entscheidend, dass wir sowohl die Strategien kennen, die Satan benutzt, um uns anzugreifen, als auch die Rüstung, die Gott uns zur Verfügung stellt, um uns dagegen zu schützen.

Eine biblische Dämonologie, Hilfen zum Umgang mit dem Bösen in der Seelsorge sowie Lektionen für „Lebe-frei-Selbsthilfegruppen" runden das Buch ab.

Chris und Liz Gore, Überfließen

Jeden Tag die Fülle des Himmels erleben; 176 S., Pb.

Chris uns Liz Gore möchten allen Gläubigen ganz praktisch dazu verhelfen, das überfließende Leben zu erfahren, von dem Jesus gesprochen hat. Unser Leben soll nicht auf Lügen aufgebaut sein und unsere Vorstellung vom Herzen des Vaters soll auf der Wahrheit beruhen.

Als Bonusmaterial sind einige Lektionen von Insassen eines Hochsicherheitsgefängnisses in den USA enthalten. Als Chris dort diente, begegnete er der Liebe und dem erlösenden Herzen des Vaters auf eine ganz neue Art und Weise.

Bestellen Sie im Buchhandel oder (versandkostenfrei in D) direkt beim Verlag:

GloryWorld-Medien | Beit-Sahour-Str. 4 | D-46509 Xanten
Fon: 02801-9854003 | Fax: 02801-9854004 | info@gloryworld.de

Aktuelles, Leseproben, Downloads & Shop: **www.gloryworld.de**